UNNÜTZES
WIS
SEN

OSTWESTFALEN-LIPPE

D1639797

Matthias Rickling

UNNÜTZES WISSEN

OSTWESTFALEN-LIPPE

**Skurrile und außergewöhnliche
Fakten zum Angeben**

SUTTON

Bergwerk

Die Grube Wohlverwahrt-Nammen, die zum Mindener Revier bei Porta Westfalica gehört, ist das letzte Bergwerk der Region, das bis heute betrieben wird. Darüber hinaus ist es die letzte noch fördernde Eisenerzgrube in ganz Deutschland.

Spökenkieker

In ganz Westfalen kennt man sie, jene Menschen, die Ahnungen von der Zukunft haben und ein „zweites Gesicht" besitzen. Auch wenn die Vorankündigungen der „Spökenkieker" zumeist Unerfreuliches von Tod, Krieg und Verderben erzählen, wurden sie vielfach in der Literatur erwähnt und geschätzt. Allerdings wurde den Spökenkiekern deutschlandweit nur in Harsewinkel ein Denkmal errichtet. 1962 aufgestellt, erinnert es an den „alten Stümpel" (1830–1906), der Kriege, Brände und den eigenen Tod vorhersah.

Umfall-Rekord

Dominosteine haben Konjunktur, besonders, wenn sie in riesigen Hallen zu Hunderttausenden fallen und sogar das Fernsehen mit mehrstündigen Übertragungen dabei ist. Der Rekord in Nordrhein-Westfalen liegt bei 280.000 Steinen. Im Oktober 2020 gelang es einem Team aus Rheda-Wiedenbrück, den OWL-Rekordtitel zu halten. Beim „Falldown" standen 150.000 Steine in 39 Bildern, von denen in wenigen Minuten 148.193 korrekt umfielen.

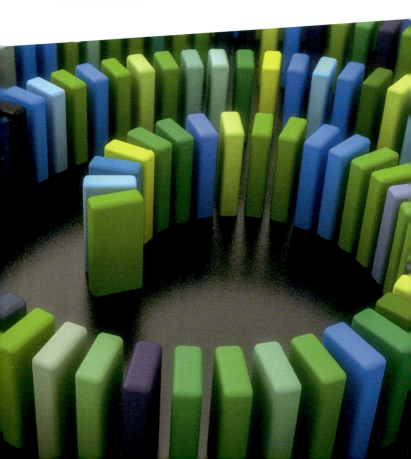

Stumpenmillionäre

Im Jahr 1929 verzeichnete der Zollamtsbezirk Bünde insgesamt 289 Fabriken. Damit war OWL eindeutig die „Zigarrenkiste Deutschlands", die mit dem Verkauf der qualmenden Stumpen manchen Unternehmer zum Millionär machte.

Qualmriese

Lange führte die inzwischen 80 Jahre alte „Riesenzigarre" im Tabakmuseum Bünde mit ihrer Länge von 160 Zentimetern aus 9 Kilogramm Tabak die Qualmwarenhitliste der Welt an. Inzwischen wurde ihr Rekord längst überboten, doch in OWL ist sie nach wie vor das Fotomodell in Sachen Tabakwaren.

Sperrholz

Holz, das in Lagen und mit gekreuzter Faserrichtung verleimt und gepresst wird, „arbeitet" nicht mehr und ist damit „gesperrt". Solche Sperrholzplatten sind seit über einhundert Jahren ein sehr begehrter Baustoff, besonders für die Möbelindustrie. Es war Bernhard Hausmann (1857–1927), der im Jahr 1893 in Blomberg das erste Sperrholzwerk gründete, ein Patent auf seine Platten anmeldete und damit als Erfinder der Buchenholz-Sperrholzplatte gilt. Sein selbst entwickelter automatischer Furniertrockner war der erste in Europa und sorgte dafür, dass er fast 30 Jahre lang alleiniger Produzent der „Blomberger Sperrholzplatte" blieb.

Salzpflänzchen

Im Uferbereich der Heder nahe Salzkotten kann man Pflanzenfreunde
jauchzen hören, wenn sie weit weg
von salzigen Meeresgestaden auf die
Boddenbinse, den Salz-Dreizack oder die
Salzschuppenmiere treffen – im Naturschutz-
gebiet „Sültsoid" befindet sich das reichste Vorkommen von
Halophyten (Salzpflanzen) in ganz NRW.

Rekordfund

Anfang März 2017 war die Polizei zwischen den Autobahnen
A 30 und A 2 unterwegs, als sie bei Bad Oeynhausen ein ver-
dächtiges Auto kontrollierte. Die Beamten fanden 30 sorgsam
versteckte Päckchen mit insgesamt 33 Kilogramm Kokain:
Rekord in OWL.

Ablöseaffäre

Selten hat eine Frau unter Fußballfans für so viel Aufregung gesorgt wie die Bielefelder Dachdeckertochter Gisela Schwerdt (1917–1997). Nicht weil sie sich im Gemeinderat und als Bürgermeisterin von Senne I und später auch Bielefeld engagierte, sondern weil sie 1986 zur Präsidentin von Arminia Bielefeld gewählt wurde. Damit war sie die erste Frau überhaupt, die den Vorsitz eines professionellen deutschen Fußballvereins übernahm. Ihr Amt in dem finanziell schwer angeschlagenen und von Skandalen erschütterten Verein dauerte allerdings nur 266 Tage. Die Politikerin, die sonst stets eine glückliche Hand bewiesen hatte, stolperte über die „Ablöseaffäre".

Kirmes

Mit jährlich rund 1,5 Millionen Besuchern ist das neuntägige Libori-Fest zu Paderborn nicht nur die größte Feier in OWL, sondern auch eines der ältesten Kirchen-, Kirmes- und Kulturfeste des ganzen Landes.

Osterhasenheimat

Bei der Firma Brauns in Quedlinburg und der Firma Heitmann in Köln beschäftigte man sich um 1870 mit einem gerade erst erfundenen Stoff: den sogenannten Anilinfarben, synthetisch hergestellte Farbstoffe. Beide Firmen sorgten mit großem Erfolg dafür, dass die Welt plötzlich sehr viel bunter wurde und die Hausfärberei einen wahren Boom erlebte. Die Farben machten vor nichts Halt: Stoffe, Kerzen, Blumen, Seifen, sogar Butter, Käse, Säfte und Liköre wurden farbig aufgepeppt. Und natürlich die Ostereier. Nie waren die Gaben des Osterhasen so bunt und brillant. Nach dem Zweiten Weltkrieg fanden beide Firmen eine neue Bleibe und fusionierten 1969 zu Brauns-Heitmann in Warburg. Die Firma gilt bis heute als traditionsreichster Anbieter von Eierfarben und allem, was man fürs Eierdekorieren benötigt. Und weil in Warburg die meisten Ostereierfarben des Landes produziert werden, ist man sich sicher, dass die Heimat des Osterhasen in OWL liegen muss.

Engelpapier

Gegen Ende 2020 war es heraus: Mitten in OWL ist es dem Kreis Paderborn gelungen, seinen Papierverbrauch in Schulen und Behörden zu 100 Prozent auf das Recyclingpapier mit dem Blauen Engel umzustellen. Dabei ließ der Kreis 39 Konkurrenten deutlich hinter sich und durfte sich in Berlin den Preis für den „recyclingpapierfreundlichsten Landkreis" abholen.

Ländervergleich

Mit einer Fläche von rund 6.520 Quadratkilometern umfasst die Region OWL ungefähr ein Fünftel von Nordrhein-West-falen. Eine Größe, die im internationalen Ländervergleich zwischen Palästina und Brunei liegt und in etwa den Ausmaßen des zweitkleinsten US-Staats Delaware gleichkommt. Fast würde OWL in den russischen Kuibyschewer Stausee passen (immerhin der drittgrößte Stausee der Welt) und könnte knapp vom Turkana-See (ehemals Rudolfsee) in Kenia und Äthiopien bedeckt werden, dem größten Wüstensee der Welt.

Einwohner

Laut einer Statistik (Stand Juni 2021) zählt die Region OWL genau 2.054.332 Einwohner, was in etwa den Einwohner-zahlen von Brüssel (Belgien) und Pretoria (Südafrika), dem US-Staat New Mexico oder Thüringen entspricht.

Touristen

Schwerpunkt der Touristik in ganz OWL ist die Urlaubsregion Teutoburger Wald mit ihren Highlights, die jedes Jahr für etwa sieben Millionen Übernachtungen sorgen.

Hochschul-
landschaft

Längst hat sich OWL
als Hochschul- und
Forschungslandschaft
etabliert. Inzwischen
studieren hier an zwölf Hochschulen insgesamt rund 65.000
junge Menschen sämtliche Fachrichtungen.

Wirtschaft

OWL hat sich zu einem der stärksten Wirtschaftsstandorte
Deutschlands entwickelt. Mit einem ausgewogenen Branchen-
mix bieten heute rund 150.000 Unternehmen Arbeitsplätze für
über eine Million Erwerbstätige.

Ausdehnung

An seiner längsten Stelle (Nord-Süd) kommt OWL auf 118 Kilometer, während es an seiner dicksten Stelle (West-Ost) 82 Kilometer misst.

Körnerzähler

Der Lexion-Mähdrescher des OWL-Unternehmens Claas ist eine der gewaltigsten Maschinenbauleistungen des Landes. Er erntet pro Sekunde (!) genau 685.714 Getreidekörner, was pro Stunde einer Erntemenge von 100 Tonnen entspricht. Diese werden in einem Korntank mit 12.500 Litern Volumen aufgefangen, der in einer Geschwindigkeit von über 100 Litern in der Sekunde entladen wird.

L

Der Buchstabe L steht für Landstraße, und die Landstraßen im Gebiet des Landschaftsverbandes Westfalen-Lippe, zu dem auch der Regierungsbezirk Detmold, sprich OWL gehört, tragen Nummern aus dem Bereich der Zahlen von 501 bis 999.

Sterne

Weil es die OWLer auf dem Teller nicht nur heftig deftig, sondern auch mal sternenmäßig mögen, gibt es hier zurzeit zwei Spitzenrestaurants mit Michelin-Stern: das „Balthasar" in Paderborn und das „Reuter" in Rheda-Wiedenbrück.

Tierisch

Der Bielefelder Tierpark Olderdissen besteht bereits seit 1930 und ist weithin als beliebter Ausflugs-, Lern- und Lieblingsort bekannt. Ein Rundgang mit den Großeltern mit anschließendem Cafébesuch ist seit Generationen Pflichtprogramm. Nun hat ein Internetportal ein bundesweites Ranking von 160 Zoos und Tierparks durchgeführt: Olderdissen bekommt die Silbermedaille nach dem Zoo in Leipzig. Und auf Platz fünf landete ein weiterer Bewerber aus OWL: die Adlerwarte Berlebeck.

Auftritt

Ob in Theater, Film oder Fernsehen, die Liste überregional auf-
tretender Schauspieler, die in OWL geboren wurden, ist ziemlich
beeindruckend. Als da wären (Ladies first): Iris Berben (geb. 1950
in Detmold), Patricia Schäfer (geb. 1967 in Bielefeld), Aylin Tezel
(geb. 1983 in Bünde) und Susanne Wolff (geb. 1972 in Bielefeld). Zu den bekanntesten männlichen Schauspielern aus OWL
gehören: Ralf Herforth (geb. 1960 in Herford), Rolf Kanies (geb.
1957 in Bielefeld), Thorsten Nindel (geb. 1964 in Höxter), Gustav
Peter Wöhler (geb. 1956 in Bielefeld) und nicht zuletzt Wotan
Wilke Möhring (geb. 1967 in Detmold).

Rathausschönheiten

Unter dem Hashtag *#schönstesRathausNRW* wurden zunächst 74 Vorschläge eingereicht, über die dann mehr als 60.000 Stimmen urteilten und die das Renaissance-Rathaus von Paderborn auf den zweiten Platz hoben.

Megatreffen

Lang, lang ist es her, doch im Jahre 799 war Paderborn der Mittelpunkt des bekannten Universums, an dem sich die wichtigsten Männer der geistlichen und weltlichen Welt trafen und eine neue europäische Ordnung schufen. Frankenkönig Karl der Große weilte gerade in OWL, als ihn Papst Leo III. um Schutz bat und er drei Monate an den Paderquellen blieb. Was sie besprachen, weiß niemand, doch bereits im nächsten Jahr krönte Leo den Karl zum Kaiser …

Einzigartig

Die Pyramiden von Gizeh gehören ebenso zum UNESCO-Welt-kulturerbe wie die Chinesische Mauer und das ostwestfälische Kloster Corvey. Das Kloster an der Weser wurde im 9. Jahr-hundert zur reichsten und mächtigsten Abtei in Sachsen und war auch ein Stützpunkt der weltlichen Macht. Das Westwerk mit den beiden Türmen, das im Hintergrund zu erkennen ist, wurde in jener Zeit errichtet und gilt als weltweit einzigartiges Zeugnis dieses Bautyps aus karolingischer Zeit.

Barbaren

„Barbarians" heißt eine der erfolgreichsten deutschen Netflix-produktionen. Die historisierende Actionserie dreht sich um Leben, Liebe und Kämpfe von Hermann dem Cherusker, der Fürstentochter Thusnelda sowie des römischen Statthalters Varus und spielt daher natürlich im tiefsten OWL, an den Hängen und in den Wäldern des Teutoburger Waldes. Gedreht wurden die Streaming-Episoden allerdings in Ungarn.

Fallersleben

August Heinrich Hoffmann (1798–1874), der sich, um eine Namensverwechslung zu vermeiden, mit der Herkunfts-bezeichnung „von Fallersleben" nannte, ist als Dichter der späteren Nationalhymne bis heute in aller Munde. Neben dem „Lied der Deutschen" dichtete er sich mit zahlreichen Kinderliedern wie „Alle Vögel sind schon da" oder „Morgen kommt der Weih-nachtsmann" ins musikalische Kollektivgedächtnis. Aber wer weiß schon, dass der gelehrte Germanist seine letzten Lebensjahre von 1860 bis 1874 in OWL verbrachte und die weltberühmte Biblio-thek des Klosters Corvey betreute.

Glaskegel

Der 26 Meter hohe, kegelförmige Schmelzturm der ostwestfälischen Glashütte Gernheim entstand bereits 1826. Das mar-
kante, ganz speziell für die Be- und Entlüftung der Schmelzöfen
konstruierte Gebäude ist heute Mittelpunkt eines spannenden
Industriemuseums und eines der letzten Gebäude dieser Art in
ganz Europa.

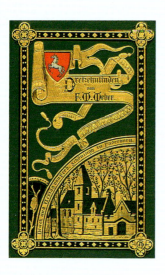

Dreizehnlinden

Als sich der Arzt und Politiker Friedrich Wilhelm Weber (1813–1894)
mit 65 Jahren aus dem Beruf zurück-
zog, begann er eine zweite Karriere,
die ihn weithin bekannt machte: Er
wurde Bestsellerautor. Der OWLer
aus (Bad) Driburg verfasste das
200-seitige Versepos „Dreizehnlinden", das binnen kürzester Zeit
zum bedeutendsten Buch der Westfalen, Schullektüre und Millionen-
seller wurde.

Trochäus

Der Titel des Megabestsellers „Dreizehnlinden", mit dem
der ehemalige Arzt F.W. Weber (1813–1894) alle OWLer zu
begeistern wusste, bezeichnet ein Kloster, dessen Vorbild an
der Weser steht: Kloster Corvey. Als Versform für das Epos in
25 Gesängen wählte er übrigens den vierfüßigen Trochäus.

Grauriese

Zehn Meter lang, sieben Meter breit und drei Meter hoch – so
liegt er im ostwestfälischen Örtchen Tonnenheide bei Rahden.
Schlicht als „Der Große Stein von Tonnenheide" bezeichnet, ist
der etwa 350 Tonnen schwere graue Riese der größte frei- und
landliegende Findling Norddeutschlands.

Dreieck

Die Wewelsburg im gleichnamigen ostwestfälischen Örtchen wird aufgrund des markanten Grundrisses häufig als einzige Dreiecksburg Deutschlands bezeichnet. Schaut man sich jedoch beispielsweise die Schlösser Altleiningen und Waldenberg in Baden-Württemberg an, lässt sich ebenfalls ein dreieckiger Grundriss feststellen. Die Wewelsburg ist daher eine der sehr seltenen Dreiecksburgen des Landes, aber bestimmt die schönste!

Wortmann

Für OWL spielt der Name „Wortmann" gleich zweimal in der europäischen Wirtschaftsliga mit. Die Wortmann AG aus Hüllhorst im Kreis Herford als größter unabhängiger Computerhersteller in Europa und die Wortmann Schuh-Holding aus Detmold, die zu den führenden Fußbekleidungsunternehmen Europas zählt.

Buchkonzern

Der ostwestfälische Bertelsmann-Konzern mit der Buchtochter Penguin Random House gilt mit mehr als 250 eigenständig agierenden Einzelverlagen als größte Verlagsgruppe der Welt, die jährlich mehr als 15.000 Neuerscheinungen auf den Markt bringt.

Spanend

Mit seinen spanenden Werkzeugmaschinen aus weltweit 14 Produktionsstätten ist der Bielefelder Konzern DMG Mori AG, ehemals Gildemeister AG, der größte deutsche Hersteller und gilt als weltweit führender Produzent von CNC-gesteuerten Dreh- und Fräsmaschinen.

Premium

Auf der technischen Grundlage einer erfolgreichen Buttermaschine entwickelten die Unternehmer Carl Miele und Reinhard Zinkann im Jahr 1900 die erste Waschmaschine. Heute zählen Waschmaschinen, Wäschetrockner, Geschirrspülautomaten und Staubsauger zu den bedeutendsten Produkten des ostwestfälischen Hausgeräteherstellers Miele, der im Premiumsegment zu den Weltmarktführern gehört.

Elektroklemmen

Seit 1966 hat das Unternehmen Phoenix Contact – mit über 60.000 Produkten der Weltmarktführer für elektronische Interface- und individuelle Automatisierungstechnik – seinen Stammsitz im lippischen Blomberg. Das Unternehmen begann 1923 in Essen als Handelsvertretung für Elektroprodukte, besonders für Fahrdrahtklemmen für elektrische Straßenbahnen.

Wüstgefallen

Wenn Siedlungen oder Fluren aufgegeben wurden, dann fielen
sie wüst. Das geschah auch in OWL immer wieder. In erster
Linie ereilte dieses Schicksal kleine Dörfer und nur ganz selten
eine Stadt. Nahe Paderborn kann man die 14 Hektar große
Stadtwüstung Blankenrode besuchen, die um 1390 verlassen
wurde. Sie gilt als die „prägnanteste Stadtwüstung Mittel-
europas".

Kanaltechnik

Fast 32 Kilometer lang, schnurgerade und mit 16 Haupt-
schleusen ausgestattet gehört der von den Preußen 1853 fertig-
gestellte Boke-Heide-Kanal zwischen Paderborn und Lippstadt
zu den bedeutendsten technischen Kulturdenkmalen in OWL.

Überspannend

35 Meter hoch und 482 Meter lang führt Europas größte Kalksandsteinbrücke über 24 Rundbögen und überspannt das Beketal in Altenbeken. 573.000 Taler hatte Preußens architekturbegeisterter König für das ostwestfälische Vorzeigeobjekt springen lassen, als er es 1853 persönlich einweihte. Bis heute gilt der Viadukt von Altenbeken als eines der ältesten Zeugnisse der deutschen Eisenbahngeschichte.

Waschtechnik

Waschen, Desinfizieren, Entwässern, Trocknen – mit diesen grundlegenden Prozessen wurde die Firma Kannegiesser aus Vlotho im Kreis Herford zur weltweiten Nummer eins in Sachen Großwäschereitechnik und Bügelpressen für Oberhemden.

Weltmarktführer

Insgesamt 450 deutsche Unternehmen gelten in ihrer Branche als Weltmarktführer. Für die „Wirtschaftswoche" ermittelte eine Universität, dass davon allein elf dieser Firmen ihre Heimat in OWL haben. Eine so hohe Dichte an Weltmarktführern gibt es in keiner anderen ländlichen Region Deutschlands.

Pilotprojekt

Von den insgesamt 7.200 Kilometern Radwegen in NRW verlaufen etwa 910 durch OWL. Jeder einzelne dieser OWL-Radel-Kilometer wird derzeit für ein Pilotprojekt von einem Spezial-Buggy unter die Lupe genommen, um den Zustand entlang der Bundes- und Landesstraßen zu erfassen.

Königlich

In OWL gibt es 17 sogenannte Umsatzkönige, also Firmen, die zu den umsatzstärksten des Landes zählen. Die prominentesten Namen sind:
Benteler (Paderborn), Phoenix Contact (Blomberg), Oetker (Bielefeld), Miele (Gütersloh), Bertelsmann (Gütersloh), Claas (Harsewinkel), Melitta (Minden) und Gildemeister (jetzt DMG Mori Seiki, Bielefeld).

Zauberhaft

Die Brüder Andreas und Christian Reinelt aus Herford unterhalten mit Illusionen. Als „Ehrlich Brothers" sind die Zauberkünstler weltweit unterwegs, um die Menschen mit ihren zauberhaften Shows zu vergnügen. Sie wurden schon mehrfach als „Magier des Jahres" ausgezeichnet und sicherten sich bereits zahlreiche Weltrekordtitel: Längster (23,023 km) Fanbrief, Zaubertrick mit den meisten anwesenden (40.211) Zuschauern und mit den meisten beteiligten (36.190) Zuschauern.

Real Crime

Annette von Droste-Hülshoff, die wohl bekannteste klassische Literatin des ganzen Landes, war häufig bei ihrer Verwandtschaft in OWL zu Gast. Hier, im Herrenhaus des Örtchens Bökendorf bei Brakel, fand sie auch den Stoff für den dramatischen Krimi „Die Judenbuche", der als Real-Crime-Bestseller zu einem Stück Weltliteratur wurde. Ihr Opa hatte ihr von dem Mord an einem Juden im nahen Bellersen erzählt, das als „Dorf B." in die Literaturgeschichte einging.

Abgehoben

Nicht von ungefähr trägt die OWL-Bergstadt Oerlinghausen ein Segelflugzeug im Wappen, denn schließlich finden auf dem bereits seit 1952 bestehenden Sonderlandeplatz weltweit die meisten Segelflugstarts (25.000 pro Jahr) statt. Der damit vermutlich größte Segelflugplatz beheimatet 15 Vereine, außerdem sind hier über 100 Segelflugzeuge sowie der „Landesleistungsstützpunkt für die Sportart Segelflug" samt internationaler Luftsportschule stationiert.

Dichten

Mit dem Familienunternehmen Naue in der Nähe von Espel-
kamp beheimatet OWL den weltweit führenden Hersteller von
sogenannten Geokunststoffen und -textilien für den Wasser-
und Verkehrswegebau. Die speziellen Baustoffe finden vor
allem beim Abdichten von Deponien, Tunneln oder Kanälen
Verwendung.

Hollywood

Man glaubt es kaum, aber der Urgroßvater der Hollywood-
Ikone Angelina Jolie stammt aus Büren in Ostwestfalen, wo er
als Schneider arbeitete.

Pulitzer

Für ihre Fotoberichterstattung erhielt Anja Niedringhaus als erste
deutsche Frau den Pulitzer-Preis, wurde für ihren Mut mit dem
„Courage in Journalism Award" und für ihre hervorragenden
Reportagen in Krisengebieten mit der „Goldenen Feder" aus-
gezeichnet. Die renommierte Fotojournalistin, die im ostwest-
fälischen Höxter aufwuchs, wurde 2014 im Irak erschossen. Zur
Erinnerung entsteht in ihrem Geburtsort ein Ausstellungs- und
Begegnungsort.

OWL International

Der von der „International Civil Aviation Organization" (ICAO) vergebene Flugplatzidentifizierungs-Code „OWL" stand von 1984 bis 1988 für die US-amerikanische Fluggesellschaft Maui Airlines.

Owl

Owl nennt die japanische Firma „Aspark" ihren E-Flitzer, der als schnellstes Serienfahrzeug der Welt Geschichte schreiben soll. Vier Motoren bieten 2.012 PS und rund 2.000 Newtonmeter Drehmoment, was eine Sprintzeit aus dem Stand auf 100 km/h in 1,69 Sekunden ermöglicht.

it's OWL

„Intelligente Technische Systeme OstWestfalenLippe" (it's OWL): So bezeichnet sich eine Kooperation von über 180 Unternehmen, Hochschulen und wissenschaftlichen Kompetenzzentren in OWL.

Minden Day

Wenn sich englische Soldaten am 1. August, dem sogenannten Minden Day, eine Rose an die Mütze heften, dann erinnern sie bis heute an eine der gewaltigsten Schlachten auf deutschem Boden. Genau 750 Jahre nach der Varusschlacht standen sich im Sommer 1759 nahe Minden sämtliche bedeutenden Mächte Europas gegenüber. Auf der einen Seite das Koalitionsheer (Preußen, Großbritannien, Hannover) mit 40.600 Soldaten und über 100 Geschützen, auf der anderen Seite die französisch-sächsischen Truppen mit rund 57.000 Mann und 86 Geschützen. Wie und warum die Koalitionsarmee die zahlenmäßig größere französische Armee schlagen konnte, wird bis heute diskutiert.

Synthiepop

Popgiganten aus OWL? Und was hat das mit Hartwig Schierbaum aus Herford und Bernd Gössling aus Enger zu tun? Ganz einfach, 1982 gaben sie sich die Künstlernamen Marian Gold und Bernhard Lloyd, gründeten die Synthiepop-Band Alphaville und schossen sich mit ihrer ersten Single „Big in Japan" in den Pop-Olymp.

Besuch

Man kommt gerne zu Besuch nach NRW. Landesweit die längste durchschnittliche Aufenthaltsdauer ist in OWL zu verzeichnen. Dort steht der Kreis Minden-Lübbecke mit 4,7 Übernachtungen pro Aufenthalt an der Spitze, gefolgt von den Kreisen Höxter (4,6), Lippe (3,9) und Herford (3,8).

Überortstraßen-Vergleich

NRW hat unendlich viele Straßen. Die längste Strecke an überörtlichen Straßen weist der Kreis Soest mit 1.400 Kilometern auf, während der Kreis Lippe mit nur 6,3 Autobahnkilometern im Kreisvergleich den letzten Platz belegt.

Weltbedeutung

Weil Frankreich 1759 in der Schlacht bei Minden den Siebenjährigen Krieg verlor, wurde Preußen nicht mehr von Westen her bedroht und konnte sich auf dem Kontinent zur Großmacht aufschwingen. Und weil Frankreich jene Schlacht in OWL verlor, musste es sich aus Nordamerika zurückziehen und überließ das Feld Großbritannien, das sich in der Neuen Welt und in Indien zum weltumspannenden Empire aufschwang. Einmal mehr sollte ein Geschehnis in OWL den Lauf der Welt ändern.

Bücherbinderei

Bevor Bücher gekauft und gelesen werden, müssen sie geschrieben, gedruckt und gebunden werden. Und auf Letzteres hat sich das OWL-Unternehmen Kolbus in Rahden spezialisiert, das sich von einer Dorfschmiede zum Weltmarktführer im Bau von Buchbindereimaschinen gemausert hat.

Pülverchen

Eines der bekanntesten Pülverchen aus OWL nennt sich „Kaiser-Natron", wird bereits seit 1881 bei der Bielefelder Firma Holste abgefüllt und darf in keinem „ordentlichen" Haushalt fehlen. Das geruchsneutrale Pulver ist ein wahrer Alleskönner, dem bis zu 85 verschiedene Anwendungsmöglichkeiten zugesprochen werden. Alles drin, vom Fensterputz- bis zum Kopfschmerzmittel.

HNF

Von der Keilschrift bis hin zur künstlichen Intelligenz sind unter den drei Buchstaben 5.000 Jahre Informations- und Kommunikationstechnik versammelt. Das 1983 in Paderborn gegründete Heinz Nixdorf MuseumsForum zeigt auf 6.000 Quadratmetern rund 5.000 seiner insgesamt 25.000 Objekte, womit das größte Computermuseum der Welt weder in China noch im Silicon Valley, sondern in OWL steht.

Challenge

Das internationale Reitturnier, das alljährlich auf dem Paderborner Schützenplatz ausgetragen wird, hat seinen Ursprung bereits im Jahre 1869, als erstmals über eine Reitveranstaltung in der Paderstadt berichtet wurde. Aus dem „Rennen in der Stadtheide" wurde später die Paderborn Challenge, dann die E.ON Westfalen Weser Challenge und schließlich die OWL Challenge. Die Besonderheit ist der unrunde, birnenförmige Platz, in dessen Mitte zudem eine rund 130 Jahre alte Kastanie steht.

Narren

Der älteste Karnevalsverein im Bund Westfälischer Karneval ist die „Eintracht von 1832", in dem sich die Jecken aus dem ostwestfälischen Delbrück zum Narren machen.

Powerdrescher

Das handelsübliche Mäh-
dreschermodell Lexion
770 TT der ostwestfälischen
Firma Claas konnte mit
seinen 586 PS jüngst einen
Weltrekord aufstellen: In acht
Stunden mähte die Maschine
auf 70 Hektar 675 Tonnen
Weizen. Mit 84,5 Tonnen
pro Stunde gelang der Ein-
trag ins Guinness-Buch der
Rekorde.

Spielend

Die lachende Merkur-Sonne, die allein in Deutschland für über
400 Automatenspielstätten wirbt, hat ihre Heimat in Espel-
kamp und Lübbecke. Das Logo aus OWL entstand 1977, als
Unternehmer Paul Gauselmann sein erstes selbst entwickeltes
Geldspielgerät entwickelte und es im Jahr des Merkur nach dem
Gott der Händler und Kaufleute benannte. Bis heute hat die
Unternehmensgruppe über zwei Millionen solcher und ähn-
licher Geräte produziert, die hartnäckig blinkend und piepsend
in zahllosen Kneipen, Casinos und Spielhallen nach Kleingeld
rufen, und wurde damit in Deutschland spielend zum Markt-
führer in Sachen Spielautomaten und -hallen.

Welthäcksler

Claas ist der umsatzmäßig fünftgrößte Landmaschinenhersteller der Welt und hat seinen Hauptsitz im ostwestfälischen Harsewinkel. Hier baute man den ersten Mäh-Dresch-Binder Europas und machte das 1913 gegründete Unternehmen zum Mähdrescher-Marktführer in Europa. Der „Jaguar 60 SF" war 1973 nicht nur der erste selbstfahrende Feldhäcksler, sondern auch die am längsten produzierte Erntemaschine.

Aufgemöbelt

Die Möbelindustrie ist neben Maschinenbau und Elektrotechnik die wichtigste Branche in OWL. Aber wer hätte gedacht, dass deutschlandweit 40 Prozent aller Möbel und sogar 66 Prozent aller Küchenmöbel aus OWL stammen?

Jump

Völlig unnütz, aber immerhin: Im Jahr 2009 tanzten in Bielefeld 1.067 Menschen 13 Minuten lang den Jumpstyle und holten damit den Jumpstyle-Weltrekord.

Garantiert

Dass der Haushaltsgerätegigant Miele seine Heimat in OWL hat, ist bekannt. Auch, dass er bereits 1910 die allererste elektrische Waschmaschine fertigte und den Erfolg später mit Autos, Motorrädern und Fahrrädern wiederholen wollte. Der Aufstieg der Unternehmer Carl Miele und Reinhard Zinkann begann jedoch mit handbetriebenen Zentrifugen zum Entrahmen von Milch. Die beiden waren so von der Zuverlässigkeit ihrer Geräte überzeugt, dass sie als eines der ersten Unternehmen überhaupt sogar eine Garantie gewährten. Das überzeugte sogar die OWLer.

Weißstorch

Mit 91 Horstpaaren konnte der OWL-Kreis Minden-Lübbecke im Jahr 2020 erneut seinen Ruf als Weißstorch-Hotspot mit den meisten Brutpaaren verteidigen. Und trotz großer Trockenheit konnten die natürlichen Wahrzeichen des Kreises einen herausragenden Bruterfolg mit 194 ausfliegenden Jungvögeln verzeichnen. Die NRW-Storchenhauptstadt befindet sich im Übrigen ebenfalls in OWL – in Petershagen fanden sich 27 Storchenpaare ein.

Dunst

Die einstmals größte Zigarre der Welt im Tabak- und Zigarren-museum Bünde soll angeblich für 600 Stunden ununter-brochenes Rauchvergnügen sorgen. Allerdings ist der Mega-Stumpen inzwischen so trocken, dass er heute wohl in wenigen Minuten abfackeln würde.

Backin

Ja, auch in OWL hat sich inzwischen herumgesprochen, dass August Oetker eigentlich nicht der Erfinder des Backpulvers ist. Aber er ließ sich 1901 ein verbessertes, länger haltbares Back-pulver patentieren, das er unter dem Namen „Backin" in kleinen Tütchen verkaufte. Oetkers Leistung war es jedoch auf jeden Fall, aus günstigen Produkten eine große Gewinnspanne zu erzielen und eine noch nie gesehene Marketingstrategie zu ver-folgen, in der der Einsatz seines Doktortitels, Werbeannoncen in jeder Zeitung und ein eigenes Backbuch die zentrale Rolle spielten. Die 1891 gegründete Kommanditgesellschaft ist heute eine Holding mit über 34.000 Angestellten.

Totenkopf

Der Totenkopf ist der höchste Berg von OWL, gehört zu den Briloner Höhen und liegt eigentlich im Sauerland. Genauer gesagt gehört er naturräumlich zum Süderbergland bzw. Nordsauerländer Oberland bzw. zum Fürstenberger Wald. Über den Gipfel des 502,6 Meter hohen Totenkopfes verläuft die Grenze zu Nordrhein-Westfalen, OWL und dem Paderborner Land. Am Nordhang, der sich in Richtung des Bad Wünnenberger Stadtteils Bleiwäsche wendet, gilt eine 498 Meter hohe Stelle auf der Flanke des Totenkopfes als der höchste Punkt in OWL.

Ausgleichend

Ostwestfalen-lippische Ingenieure sind äußerst praktisch veranlagt und mögen es ausgeglichen. Wo sonst käme man auf die Idee, einen Tisch zu erfinden, der automatisch wackelfrei steht? Sellny heißt die Möbelmarke aus Paderborn, bei der sich vier- oder mehrbeinige Möbelstücke manuell oder automatisch nivellieren lassen und dafür sorgen, dass jede Unebenheit ausgeglichen wird.

Owl-City

Weil Bielefeld die größte Stadt von OWL ist, ist die Teutostadt noch lange keine „Owl City". So nannte sich allerdings ein US-amerikanisches Musikprojekt, das uns vor Jahren mit dem Ohrwurm „Fireflies" beglückte.

OWLer

Den oder die OWLer gibt es eigentlich nicht, da sich die Menschen häufig viel eher einem der historisch begründeten Kulturräume der Region verbunden fühlen. Zu nennen sind da Minden-Ravensberg, das überwiegend lutherisch geprägt und früh preußisch regierte Gebiet im Norden, dann das Hochstift Paderborn, das überwiegend katholisch geprägte Gebiet rings der Bischofsstadt Paderborn im Süden, sowie Lippe, das ehemalige Fürstentum, Freistaat und Land Lippe mit langer eigenständiger Vergangenheit.

Josefsretter

Die kleine Josefs-Brauerei im Sauerland ist die erste Inklusionsbrauerei in ganz Europa, in der Menschen mit und ohne Behinderung Biere und alkoholfreie Getränke herstellen. Nun stand die einzigartige Brauerei vor dem Aus. Die Rettung kam aus OWL: Seit 2021 wird die Produktion des Josefsbieres in Bad Lippspringe fortgeführt, zukünftig vielleicht sogar mit staatlich anerkanntem Heilwasser.

Wiehenvenator

Die Knochen, die man 1998 in einem Steinbruch nahe Minden fand, waren die Überreste eines scharfzahnigen Dinosauriers. Wie sich bei der Untersuchung herausstellte, lebte das „Monster von Minden" im Oberjura vor rund 165 Millionen Jahren. Der „Wiehenvenator albati", wie man ihn nach Fundort und Finder nannte, ist deutschlandweit nicht nur der einzige Dinofund aus dieser Zeit, sondern auch das größte Exemplar eines Raubsauriers.

Geschichtshort

Das 1835 ursprünglich als Naturhistorisches Museum gegründete Lippische Landesmuseum in Detmold hat sich zu einer wichtigen Sammlungs-, Lehr- und Forschungseinrichtung gemausert, in der bedeutende Sammlungen aus den unterschiedlichsten Bereichen gezeigt werden. Mit einer Fläche von 5.000 Quadratmetern ist es nicht nur das älteste, sondern auch das größte Museum in ganz OWL.

Luftfracht

Das Unternehmen Lödige in Warburg im Kreis Höxter ist weltweit die Nummer eins bei Luftfrachtterminals.

Tucholsky aus Herford

Er war „der Tucholsky unserer Tage", so war es nach seinem frühen Tod in der „Süddeutschen Zeitung" zu lesen. Der in Herford geborene Wiglaf Droste (1961–2019) verstand sich als „satirischer Polemiker", der mit Texten wie „Am Arsch die Räuber" oder „Die Würde des Menschen ist ein Konjunktiv" sowohl berühmt als auch berüchtigt wurde.

Holzdekor

OWL ist auch im weltweiten Vergleich ein Schwergewicht in Sachen Möbelproduktion. Kein Wunder also, dass hier mit „Wemhöner Surface Technologies" in Herford ein Unternehmen beheimatet ist, das beim Veredeln von Holzwerkstoffen, Dekorplatten und Laminatböden weltweiter Technologieführer ist. Alles begann 1925 mit einem kleinen Handwerksbetrieb, der Wurstmaschinen für die Hausschlachterei herstellte.

Midgard

Die international bekannte Mittelalter-Folkband FAUN
wählte für ihr Musikvideo „Federkleid" einen der sagen-
haftesten Orte in OWL als Kulisse. Das Video für das Album
„Midgard" (2016) entstand zum Teil an den Externsteinen
und macht den Schauplatz einmal mehr zum Inbegriff eines
mystischen Ortes.

News

Ob ARD oder RTL, ganz Deutschland bekommt täglich eine kleine Prise OWL geboten, wenn die Nachrichten von Tagesschau-Sprecherin Judith Rakers (geboren in Paderborn) oder Moderatorin Pinar Atalay (geboren in Extertal) verkündet werden. Als dritte OWL-Moderatorin im Bunde sei Katharina „Kathy" Weber (geboren in Steinheim) genannt, die für das „K1-Magazin" vor der Kamera steht.

Lachproduzenten

Wenn mal wieder die alte Mär von den Ostwestfalen und Lippern erzählt wird, sie gingen zum Lachen in den Keller, dann sollte man dem getrost zustimmen und am Rande erwähnen, dass OWL einige der bedeutendsten deutschen Lachproduzenten sprich Komiker und Comedians, Kabarettisten und witzige Moderatoren des Landes hervorgebracht hat. Als da sind: Simon Gosejohann (1976 in Gütersloh-Niehorst), Rüdiger Hoffmann (1964 in Paderborn), Matthias „Matze" Knop (1974 in Lippstadt), Dagmar Schönleber (1973 in Lemgo), Ludger Stratman (1948 in Verl) und nicht zuletzt Hans-Jürgen Hubert Dohrenkamp (1948 in Bad Salzuflen), der als Jürgen von der Lippe seine Heimat sogar im Namen trägt. Schließlich schauen wir auf die OWL-Metropole Bielefeld, den Geburtsort von Ingolf Lück (1958), Oliver Welke (1966), Abdelkarim (1981) und Ingo Oschmann (1969). Ha!

Küchenwelt

Vielleicht haben es die OWL-Kochklassiker Pickert, Potthast und
die westfälische Palme noch nicht in die berühmten Küchen
der Welt geschafft, aber dafür gelangen jährlich rund 750.000
Nobilia-Küchen aus Verl in die Welt.

Ü-Ei

Seit Anfang der 1970er-Jahre sorgt ein italienischer
Lebensmittelkonzern für Gequengel an den Ladenkassen
– und für Spannung, Spiel und Schokolade.
Drei Dinge auf einmal und tatsächlich
war ein OWLer, der in Detmold
geborene Werbefachmann
Thomas R.P. Mielke,
seinerzeit maßgeblich
daran beteiligt, das
Überraschungsei
auszubrüten.

Vulkanisch

Tief im Westen von OWL, in Sandebeck, dem westlichen
Stadtteil von Steinheim im Kreis Höxter, wurde 1834 ein
unscheinbares Basaltvorkommen entdeckt, das sich später als
Deutschlands nördlichster Vulkan erweisen sollte. Zwar ist sein
Basaltgang, der erst vor 7 bis 14 Millionen Jahren entstand, nur
10 Meter breit und reicht nur etwa 300 Meter in die Tiefe, aber
was soll's: Vulkan ist Vulkan!

Bildwitz

Ob mit spitzem Bleistift oder in bunten Farben, ob als komische Geschichte oder politische Karikatur, die hintergründigen Werke von Cartoonisten finden sich in den meisten Tages- und Wochenzeitungen und haben häufig sogar Kultcharakter. Zwei Künstler dieses Fachs, beide mehrfach ausgezeichnet, sind echte OWLer, denn sie stammen aus der Lutterstadt Bielefeld: Til Mette und Ralph Ruthe.

Staatskunst

Vermutlich hat sich längst herumgesprochen, dass Altbundeskanzler Gerhard Schröder (1944 in Mossenberg) und Bundespräsident Frank-Walter Steinmeier (1956 in Detmold) in OWL geboren wurden und hier aufwuchsen. Weitere bekannte Politikprofis aus Ostwestfalen und Lippe sind Sabine Leutheusser-Schnarrenberger (1951 in Minden), Edelgard Bulmahn (1951 in Petershagen), Elmar Brok (1946 in Verl) und Antje Vollmer (1943 in Lübbecke).

Tonfilm

Vermutlich hätte man den Tonfilm auch ohne diesen leidenschaftlichen Elektronikfan aus OWL inzwischen längst erfunden. Dass allerdings bereits 1922 erste mehrstündige und vor allem störungsfreie Tonfilmvorführungen stattfinden konnten, ist dem Bielefelder Joseph Massolle (1889–1957) zu verdanken. Mit zwei Kollegen hatte er die Möglichkeiten für eine „Photographie der Stimme" ertüftelt und mit dem Tri-Ergon-Verfahren erstmals Bild und Ton verlässlich miteinander verbunden.

Grundgesetz

Die in Herford geborene Friederike „Frieda" Nadig war eine „bekenntnistreue Sozialistin", die den Nazis ein Dorn im Auge war. 1948 wurde die gelernte Wohlfahrtspflegerin als eine von vier Frauen in den Parlamentarischen Rat berufen und wirkte am Entwurf des Grundgesetzes mit.

Europamarkt

Das Museum für Klosterkultur, das seit 2007 in dem ostwestfälisch-lippischen Örtchen Dalheim bei Lichtenau in einem ehemaligen Augustiner-Chorherrenstift europäische Klostergeschichte präsentiert, wurde mit dem Designpreis „red dot" ausgezeichnet, ist das einzige Museum dieser Art in Deutschland und bietet mit dem alljährlichen „Dalheimer Klostermarkt" den größten Klostermarkt in ganz Europa.

Lückenschluss

Die letzte Lücke auf der Autobahn 33 lag zwischen Halle und Borgholzhausen, war „nur" 12.640 Meter lang und für viele OWLer ein ewiges Ärgernis. Nach langem Ringen sollte sie nach einem Planfeststellungsbeschluss von 2011 endlich geschlossen werden. Der Beschluss sah 30 Brücken und 6 Grünbrücken vor, 9 Regenrückhaltebecken, 43.500 Quadratmeter Lärmschutzwälle, 132 Hektar Ausgleichsfläche, 2 Anschlussstellen und Gesamtkosten von 167 Millionen Euro. Und er war mit 1.184 Seiten der umfangreichste Beschluss, der je für eine Autobahn erarbeitet wurde.

Teigfladen

Nein, OWL darf sich leider nicht rühmen, die Tiefkühlpizza erfunden zu haben. Aber Dr. Oetker aus Bielefeld erkannte frühzeitig das Potential dessen, was 1968 in einer italienischen Großbäckerei entwickelt wurde. Die OWLer schlugen zu und verkauften das eisige Produkt ab 1970 unter dem Namen „Pizza alla Romana" in Deutschland. Der erste TK-Teigfladen für 2,95 D-Mark war mit Tomaten, Paprika, Mortadella und einer Käsemischung belegt, musste in einer beigefügten Alu-Schale gebacken werden und sorgte für einen bis heute ungebremsten Siegeszug der Ofenware. Denn auf Pizza geht fast alles, sogar Gyros, Currywurst und Hollandaise, lediglich die Auswahl mit Fischstäbchen und Schokolade kam selbst in OWL nicht so recht an.

Mahlfähig

Insgesamt 42 restaurierte Wind-, Wasser- und Ross- mühlen sowie Deutschlands einzige mahlfähige Schiffs- mühle haben dem Mühlen- kreis Minden-Lübbecke zu seinem Namen verholfen. Alle Mühlen sind übrigens durch die 320 Kilometer lange Mühlenstraße miteinander verbunden.

Straßenfeger

An diesen OWLer erinnert sich vermutlich nur die etwas gesetztere Generation, doch einige Filme, bei denen der Herforder Hans Quest (1915–1997) Regie führte, sind Klassiker der deutschen Kinogeschichte: z.B. die Heinz-Rühmann-Streifen „Charleys Tante" und „Wenn der Vater mit dem Sohne" oder der sechsteilige Fernsehkrimi „Das Halstuch", der zum Inbegriff des „Straßenfegers" wurde.

Gesangstalente

Mit den Synthie-Pop-Giganten Alphaville hat OWL der Musik-
welt seinen Stempel aufgedrückt. Doch auch beim Thema Rap
und Schlager, Oper, Chanson und Deutschrock spielen OWL-
Geborene eine Geige. Da ist beispielsweise der Rapper Caspar
(1982 in Extertal) oder der Country-„Hey Boss, ich brauch mehr
Geld"-Schlagersänger Gunter Gabriel (1942 in Bünde). Einst
wurde Sophie Crüwell (1826 in Bielefeld) weithin gefeiert, die
als Lieblingsopernsängerin von Kaiser Napoleon III. und um
1850 als „schönste Stimme im dramatischen Genre" galt. Das
deutschsprachige Genre mischten „Heute hier, morgen dort"-
Liedermacher Hannes Wader (1942 in Bielefeld/Gadderbaum)
und „Dein ist mein ganzes Herz"-Rocker Heinz Rudolf Kunze
(1956 in Espelkamp/Minden) auf.

Titanic

Es begann in den 1940er-
Jahren in den USA, wo ein
findiger Kunststoffingenieur
aus mehreren Kunststoffteilen
maßstabsgerechte Automodelle
baute und verkaufte. Der Knüller war schließlich, dass die
Käufer die Einzelteile selber zusammenbauten. Damit nahm das
Unternehmen Revell Fahrt auf, das 1956 über den Teich nach
Deutschland kam und zunächst in Bielefeld, dann in Bünde
eine neue Heimat fand. Mit der BMW R 75/5 1:8 kam 1971 die
erste Eigenentwicklung auf den Markt und beflügelte den Erfolg
der Modellbauer aus OWL. Größter Hit, mit mehr als zwei
Millionen verkauften Bausätzen, ist bis heute der legendäre
Dampfer „Titanic".

Schleckerkram

Die süßesten OWLer kamen zuerst aus Werther, seit dem
Zweiten Weltkrieg aus Halle. Was August Storck im Jahr 1903
mit seiner Werther'schen Zuckerwarenfabrik begann, ist längst
zu einem international agierenden Genussmittelkonzern heran-
gewachsen, dessen Produkte schon Generationen von Lecker-
mäulern aufheitern. Die bekanntesten Süßigkeiten aus OWL
sind die „nimm2"-Drops (seit 1962), die „Merci"-Schokolade
(seit 1965), die „Campino Früchte"- und „Werther's Original"-
Bonbons (seit 1966 und 1969) sowie das „Toffifee"-Konfekt (seit
1973).

Leitzahlen

Schon Mitte des 19. Jahrhunderts kamen die Leute von der
Thurn-und-Taxis-Post auf die Idee, das ganze Land in diverse
Zahlengebiete einzuteilen, um die Verteilung der Post zu
vereinfachen. Da das angewandte System mit Ring-, Rost-,
Strichnummern etc. zu Beginn des 20. Jahrhunderts überholt
war, setzte sich der in OWL geborene Carl Bobe daran, die
Ortscodierung zu überarbeiten. Der Spezialist für die Optimie-
rung von Produktionsprozessen und Verkehrswegen stellte das
„Organisationsschema zur schnelleren Postzustellung", also
das moderne Postleitzahlensystem, bereits im Jahr 1917 vor.
Tragisch: Der Optimierungsexperte für Verkehrsflüsse starb
1947 genau in einem solchen Verkehrsfluss, als er in Bielefeld-
Stieghorst die Autobahn
überqueren wollte.

Wagemut

Die Wochenzeitung „Die Zeit" ist eindeutig ein journalistisches Schwergewicht. Und wenn diese Zeitung behauptet, Deutschlands wagemutigstes Literaturfestival finde in Ostwestfalen-Lippe statt, dann muss da etwas dran sein … Das im Jahr 2000 gegründete Literatur- und Musikfestival „Wege durch das Land" steht jede Saison unter einem bestimmten Motto und lockt mit seinem breiten Kulturspektrum jedes Jahr rund 8.000 Besucher – längst nicht mehr nur aus OWL.

Heilgarten

Mit sieben Heilbädern, einem Kneipp-Heilbad, zwölf Luft- sowie drei Kneipp-Kurorten ist OWL eindeutig der „Heilgarten Deutschlands".

Teuto

73 Prozent aller Deutschen kennen den Begriff „Teutoburger Wald" und verknüpfen damit die Attribute natürlich, freundlich und gesund.

Softball

Softball ist eine Form des Baseball, die vornehmlich von Frauen gespielt wird und rein gar nichts mit einem „Weichball" zu tun hat. Und siehe, als sich die „Bielefeld Peanuts" zusammentaten, um mit der Alu-Keule den kleinen Ball zu pitchen, zeigten sie enormes Talent. Zwischen 1984 und 1994 gewannen die OWL-Softballspielerinnen elf Mal in Folge die Deutsche Meisterschaft, dann lösten sie sich auf. Und keiner weiß, warum.

Lehrerreich

Die Bezirksregierung Detmold, die für das Gebiet OWL
zuständig ist, ist u.a. für etwa 22.500 Lehrerinnen und Lehrer
verantwortlich. Wieder etwas gelernt, oder?

Baukasten

Wie man mit Spielzeug zum Mitglied der Pariser Akademie der
Wissenschaft wird, zahlreiche Orden einheimst und sowohl
k.u.k. Hoflieferant als auch königlich bayerischer, königlich
italienischer und königlich portugiesischer Hoflieferant wird,
könnte der in Herford geborene Unternehmer Friedrich Adolf
Richter (1846–1910) berichten. Richter hatte die Idee zur Herstellung von stabilen Bauklötzen erworben, die er ab 1882 im
großen Stil produzierte, denn seine „Anker-Steinbaukästen"
waren bis in die allererlauchtesten Kinderzimmer der Hit.

Baseball

Was die „Bielefeld Peanuts" im Softball waren, sind die „Paderborn Untouchables (U's)" im Baseball. Das ostwestfälische
Baseball-Team tritt bereits seit 1996 in der Bundesliga an und
konnte sich in den ersten zehn Jahren insgesamt sechs Meister-
titel sichern (fünf davon in Folge). Bis heute stehen die U's auf
Platz zwei der Baseball-Bundesliga-Meisterschaftsliste.

Kunststadt

Als 1954 genau 111 Architekten und 16 Trägerschaften ans Werk gingen, um auf vier Millionen öden Quadratmetern mitten in OWL eine blühende Siedlung mit 3.400 Wohnungen für 11.000 Bewohner aus dem Boden zu stampfen, war das das größte Experiment der Nachkriegszeit. Das Ergebnis: Sennestadt, die Stadt vom Reißbrett, die bis heute als Beispiel für deutsche Stadtbaukunst gilt.

Mittelpunkt

Zugegeben, die meisten OWLer stehen nicht unbedingt gerne im Mittelpunkt, einige allerdings wohnen dort sogar. Denn die Mitte von OWL befindet sich in Pivitsheide, einem Ortsteil von Detmold, genauer in Pivitsheide V.L., nicht Pivitsheide V.H. (Vogtei Lage, nicht Vogtei Heiden), und dort in einer Sackgasse im Ortsteil Kussel.

Schnellbau

Genau zwei Jahre nach dem ersten Spatenstich konnten am 28. Juli 1958 die ersten Familien ihre Wohnungen in Sennestadt beziehen. Die „Retortenstadt" war ein großer Erfolg und die erste (west-)deutsche Stadtgründung nach dem Kriegsende. 1965 erhielt sie ihre Stadtrechte.

Europahilfe

Die „v. Bodelschwinghschen Stiftungen Bethel" in Bielefeld, in OWL kurz Bethel genannt, sind bis heute das größte diakonische Unternehmen in Europa.

Spendabel

Nach Auskunft der Briefmarkensammelstelle in Bethel umfasste die größte Spende von einer einzelnen Person mehrere Bände mit sehr vielen und sehr seltenen ausländischen Briefmarken, die beim Verkauf einen Erlös von über 25.000 Euro erzielten.

Hollywoodluft

„Zwischen uns die Mauer" heißt die dramatische Romanverfilmung, die 2019 in die Kinos kam und eine Liebesgeschichte im geteilten Deutschland der 1980er-Jahre erzählt. Gedreht wurde der Streifen in Breslau und Berlin, Holzminden, Höxter und Nieheim-Detmold, sodass einige junge OWLer als Komparsen Hollywoodluft schnuppern durften.

Gebucht

Die häufigsten Baumarten in NRW sind Fichte, Eiche, Kiefer und Buche. Die Letzteren sind anteilig am häufigsten in OWL vertreten, wo sie ein Viertel des Baumbestandes ausmachen.

Merkwürdigkeiten

Für Nicht-Karnevalisten ist die fünfte Jahreszeit ein Buch mit
sieben Siegeln, das viele dazu bringt, der vermeintlich durch-
drehenden Heimat für eine gewisse Zeit den Rücken zu kehren.
Doch während die Narren am Rhein sich mit „Helau" und
„Alaaf" in die Arme fallen, zieht man in OWL mit wirklich
verrückten Schlachtrufen in die allgemeine Narretei. So heißt
es in Paderborn „Hasi Palau", in Delbrück „He, geck, geck"
und in Scharmede „Knolli Knolli Schabau". In Salzkotten-Verne
rufen sie „Verner Au Helau", während in Steinheim ein kräftiges
„Steinheim – Man Teou!" ertönt.

Sammelleidenschaft

Vermutlich ist dieser Ort die postalisch am meisten frequentierte Adresse in ganz OWL. Jedes Jahr kommen in der Briefmarkenstelle in Bethel rund 90.000 Einsendungen aller Art an. Die Pakete, Umschläge, Sammelalben und Postkarten tragen rund 128 Millionen Briefmarken mit einem Gesamtgewicht von etwa 29 Tonnen hierher, wo ihre Behandlung etwa 125 Menschen mit Behinderungen einen Arbeitsplatz bietet.

Fliegertante

Das wohl legendärste Flugzeug der Lufthansa stammt von den Junkerswerken, hatte seinen ersten Jungfernflug bereits 1930 und trägt bis heute den Spitznamen „Tante Ju". Das Modell Ju 52 ist eine Legende, umso mehr freute man sich in OWL, dass die 84 Jahre alte „Tante" der Lufthansa-Berlin-Stiftung jüngst im Quax-Hangar am Flughafen Paderborn-Lippstadt einziehen durfte. Dafür wird der Hangar bereits erweitert.

Hundeheld

Im Sommer 2019 war es so weit: „Lassie", der wohl bekannteste Leinwandhund der Welt, weilte in OWL. Genauer gesagt wurden auf Schloss Tatanhausen bei Halle mehrere Szenen für den neuen Kinofilm um den legendären Hundhelden gedreht.

Ostpunkt

Der östlichste Punkt von OWL (und NRW) liegt an der Grenze zu Niedersachsen und befindet sich etwa vier Meter unter Wasser, mitten in der Weser. Doch für die zahllosen Radler, die in der Nähe von Höxter auf dem Weserradweg unterwegs sind, wurde ganz in der Nähe ein Hinweisschild samt Steinpyramide errichtet, damit niemand diesen bemerkenswert unwichtigen Ort bei 32 531 800 Ost / 5 745 312 Nord verpasst.

Meisterlich

Ein wenig verwundert es schon, dass gerade aus OWL, dessen Bewohnern oft eine Vorliebe für Klarheit, Schlichtheit und Schmucklosigkeit nachgesagt wird, zwei der bedeutendsten Baumeister des Barock und Rokoko stammen. Da ist zum einen Matthäus Daniel Pöppelmann (1662 geboren in Herford), der dem sächsischen Kurfürsten u.a. den Dresdner Zwinger und diverse Lustschlösser errichtete. Zum anderen Johann Conrad Schlaun (1695 geboren in Warburg-Nörde), dem seine Heimat und die Wahlheimat Münster einige der schönsten Barockgebäude verdanken. Beide gehören unzweifelhaft zu den genialsten Baumeistern des 18. Jahrhunderts.

Tiefenhöhe

Es erscheint merkwürdig, doch in OWL ist das Tiefste genauso hoch wie der Größte. Das tiefste Stückchen Land, also der niedrigste Punkt von OWL, befindet sich im äußersten Nordosten nahe Petershagen und liegt auf fast 27 Metern Höhe (ü. NN). Und das ist fast exakt die Höhe, die auch der Größte im Lande, die Figur des Hermann auf dem Hermannsdenkmal, misst: 26,57 Meter. Richtig unnütz, aber kurios.

Kombi

Wenn Architekten von der „Westfälischen Sinfonie" schwärmen, dann meinen sie kein gelungenes Musikstück eines westfälischen Meisters, sondern die Kombination von Sandstein mit rotem Klinker und weißen, mehrfach unterteilten Fenstern. Dieser Baustil wurde zum Markenzeichen des OWL-Baumeisters Johann Conrad Schlaun, dem Genie des deutschen Barockzeitalters.

Po-Produkt

Seit inzwischen einhundert Jahren ist das Sitzen eine Spezialität aus OWL. Das Unternehmen Isringhausen begann 1919 in Bielefeld mit einer kleinen Produktion für Fahrradsitze, woraus der international agierende Autozulieferer ISRI mit 50 Werken in 20 Ländern wurde und dessen Zentrale sich bis heute in Lemgo befindet. Das Produkt ist für den Po: Fahrer- und Beifahrersitze für LKW, Transporter, Busse und Baumaschinen.

Goldjunge

Bei der allerersten Oscar-Verleihung im Jahr 1929 war selbstverständlich auch ein Filmschaffender aus OWL anwesend und
räumte gleich drei Goldjungs ab: Regisseur Friedrich
Wilhelm Murnau aus Bielefeld gewann sie mit
seiner ersten amerikanischen Arbeit „Sun-
rise – A Song of Two Humans", der in
der internationalen Filmkritik
bis heute als einer der
besten Filme aller
Zeiten gilt.

Schräg

Wenn der kanadisch-amerikanische Stararchitekt und Designer Frank O. Gehry zum Zeichenstift greift, dann kann man davon ausgehen, dass etwas Einzigartiges entsteht. Seine Häuser, die zu tanzen scheinen, sind heute in vielen Weltmetropolen echte Hingucker und schräge Wallfahrtsstätten für Architekturenthusiasten. In Europa haben seine Bauten allerdings Seltenheitswert, sind jedoch gleich drei Mal in OWL vertreten: das „Energie-Forum-Innovation" in Bad Oeynhausen (1995), das „Ronald-McDonald-Haus" in Bad Oeynhausen (2001) und das Kunst- und Designmuseum „Marta Herford" (2005).

Champion

Am Ende wurde aus Paderborn keine Autostadt. Doch was dort, mitten in OWL, von Sommer 1949 bis Herbst 1952 bei der Champion-Automobilbau GmbH aus den provisorischen Konstruktionshallen rollte waren echte Hingucker: z.B. der Champion 250, ein dach- und türloser Roadster für zwei Personen mit Triumph-Zweitaktmotor (4,75 kW) und einer Höchstgeschwindigkeit von 65 km/h. Doch auch die Cabrio-Limousine Champion 400 brachte nur mäßigen Erfolg und die Championproduktion wurde nach Ludwigshafen verkauft, wo sie krachend pleiteging.

Boulevard-Stars

Der „Boulevard der Stars", gerne auch als „Mini-Walk of Fame" bezeichnet, verläuft in der Nähe des Potsdamer Platzes in Berlin-Mitte. Das wachsende Denkmal ehrt seit 2010 Prominente, die Herausragendes für den deutschen Film geleistet haben. Inzwischen sind auch zwei OWLer dabei: Schauspielerin Iris Berben (Detmold) und Regisseur Friedrich Wilhelm Murnau (Bielefeld).

Geldmaschinen

Wer bei Edeka oder Poco, Shell oder IKEA seine Einkäufe begleichen möchte, sein Leergut in einen Automaten schiebt oder Geld aus einem Automaten zieht, hat es mit großer Wahrscheinlichkeit mit einem System aus OWL zu tun, genauer mit einer Entwicklung der Diebold Nixdorf Holding Germany Inc. & Co. KGaA (vormals Wincor Nixdorf, vormals Siemens Nixdorf) mit Hauptsitz in Paderborn.

Grusel

Von einem, der aus OWL auszog, um das Gruseln zu lehren: Mit seinem Meisterwerk „Nosferatu. Eine Symphonie des Grauens" schuf der Bielefelder F.W. Murnau einen Meilenstein der Filmgeschichte, von dem sich die Filmemacher, Video- und Fotokünstler bis heute inspirieren lassen. Zudem war die Adaption des „Dracula"-Stoffs die Geburtsstunde des Gruselfilms.

Referenzörtchen

Wer sich für das Erdzeitalter des Oligozäns vor etwa 33,7 bis 23,8 Millionen Jahren interessiert, als in OWL Fische, Schnecken und anderes Meeresgetier herrschten, der schaue auf den Doberg bei Bünde. Wo einst ein Tagebau blühte, erlebt man heute die Ruhe eines Naturschutzgebietes. Und aufgrund zahlloser Fossilien sowie der prima erhaltenen Schichtenfolge im Boden gilt das Örtchen für Geologen und Paläontologen auf der ganzen Welt als Referenzprofil für jenes ferne Erdzeitalter.

Zweithöchster

Mit seiner Gesamthöhe von exakt 88 Metern ist das Kaiser-Wilhelm-Denkmal an der Porta Westfalica nach dem Völkerschlachtdenkmal in Leipzig das zweithöchste Denkmal Deutschlands.

Bläulich

In OWL ist die „Blaue Lagune" eines nicht: ein palmen-
gesäumter Sandstrand, der in karibischer Sonne brutzelt. Die
Blaue Lagune von OWL ist ein See tief unter den Weserbergen
bei Kleinenbremen. Die bläulich erleuchtete Wasserkuhle
gehört zum ehemaligen Untertagebau und gilt besonders bei
Tauchern als echte Sensation. Allerdings lassen die Hüter der
Stollen nur sehr, sehr erfahrene Taucher mit Spezialanzügen der
Grotte auf den Grund gehen, die mit nur sieben Grad wenig
karibisch daherkommt.

Jäger

Manchmal braucht es einen echten Dickschädel
aus OWL, der sich so schnell nicht einschüchtern
lässt und deutlich macht, was andere nur ver-
schämt hinter vorgehaltener Hand flüstern. Und
so führte der in Paderborn geborene Molekular-
und Zellbiologe Werner Franke über Jahrzehnte
einen schier aussichtslosen Kampf gegen das
Doping. Ein Kampf, der ihm sowohl das Ver-
dienstkreuz am Bande des Verdienstordens der
Bundesrepublik Deutschland als auch den Ruf als
international gefürchteter „Doping-Jäger" ein-
brachte. Sein Grundsatz: „… als Wissenschaftler
ist es meine Pflicht, das Maul aufzureißen. Und
zwar richtig." Gut so!

Karnevalsfrei

In vielen Städten und Dörfern der Region OWL gehört Karneval in den Jahresreigen wie Ostern und Weihnachten. Bei den einen mehr, bei den anderen weniger, hier steht der große Umzug oder die riesige Prunksitzung im Mittelpunkt, dort ist der „Weiberkarneval" das Highlight der fünften Jahreszeit. Dass sich jedoch eine Gemeinde vor 150 Jahren dazu verpflichtet hat, die närrischen Tage „nimmermehr" zu feiern, ist wohl weit über OWL hinaus einzigartig. So geschehen in Beverungen-Dalhausen, wo die Bürger nach einer verheerenden Cholera-Epidemie im Jahr 1868 schworen, fortan nie wieder Karneval zu feiern. Seither ist Dalhausen narrenfreie Zone und einer der heißesten Tipps für Karnevalsflüchtlinge.

Inuit

Wenn man bedenkt, dass OWL die nördlichste Region von NRW ist und der Nordpunkt auf derselben geografischen Breite liegt wie die kanadische Insel Weston Island, die bereits zum Inuit-Territorium der Subarktis gehört, dann sind die OWLer doch irgendwie die Inuit von NRW.

Träume

Der Paderborner Apothekerlehrling Friedrich Sertürner (1783–1841) entdeckte 1805 das bekannteste Schmerzmittel der Welt: Morphium. Ihm gelang es erstmals, aus dem getrockneten Saft des Schlafmohns, der als Opium Bekanntheit erlangt hatte, das Alkaloid Morphin zu isolieren, das er nach Morpheus, dem griechischen Gott des Traums, benannte.

Reparaturcreme

Eine Creme, die die minikleinen Löcher im Zahnschmelz mit biomimetischen Molekülen wieder auffüllt und das Gebiss somit instand hält, ist keine Magie, sondern eine Erfindung aus OWL. „Draufputzen statt abnutzen" heißt es in der Werbung für Biorepair – eines der vielen Körperpflegemittel aus dem Bielefelder Unternehmen Dr. Kurt Wolff.

Verlängerung

Wer in Nordrhein-Westfalen einmal einen etwas längeren Tag erleben möchte, der sollte sich unbedingt zum „Nordpunkt" aufmachen. Hier, am nördlichsten Zipfel von NRW und OWL, ist der 21. Juni (Sommersonnenwende) rund 17 Minuten länger als beispielsweise in der Landeshauptstadt Düsseldorf. Am Nordpunkt zählt dieser Tag 16 Stunden, 51 Minuten und 39 Sekunden, während die Sonne in Düsseldorf schon nach 16 Stunden, 35 Minuten und 30 Sekunden untergeht.

Multikulti

Gegenwärtig leben in der Region OWL rund 145.000 Ausländerinnen und Ausländer, die aus mehr als 140 Nationen stammen.

Prost

Der wohl bekannteste Firmenname aus OWL ist der der Dr. August Oetker KG, die neben Fertigpizza und Kuchenmischungen bereits seit 1952 auch auf Bier setzt. Zu Oetker gehört u.a. die Brauereigruppe Radeberger, das größte deutsche Brau-Unternehmen mit Marken von Berliner Pilsener bis DAB, von Jever bis Wicküler Pils.

Nordstein

„Ganz oben in NRW" heißt es so schön. Ganz zu Recht wirbt OWL mit diesem Slogan, befindet sich hier doch der nördlichste Punkt des Bundeslandes Nordrhein-Westfalen. Ganz genau liegt der „Nordpunkt" – inklusive Denkmalstein, Nordpunkt-Haus und Wetterstation – auf 52° 32' nördlicher Breite und 8° 39' östlicher Länge bei der Ortschaft Preußisch Ströhen, die zur Stadt Rahden gehört.

Jahrtausendobjekt

Dieses OWL-Objekt wiegt 355 Gramm, ist 15 Zentimeter lang, 8,7 Zentimeter breit und bis zu 4,6 Zentimeter dick, ist von schwarzbrauner Farbe und besteht aus hartem Kieselschiefer. Der 1997 in Bad Salzuflen gefundene Faustkeil aus der mittleren Altsteinzeit hat zwischen 350.000 und 300.000 Jahre auf dem Buckel und gilt als das älteste Artefakt in ganz Westfalen.

Vincent

Der Vincent van Gogh von Ostwestfalen-Lippe heißt
Peter August Böckstiegel (1889–1951). Er wurde in
Arronde bei Werther geboren und richtete dort später
sein Atelier ein. Tatsächlich war er ein Fan des großen
Vincent, dessen Ausdruckskunst er vielfach nacheiferte,
aber dennoch einen eigenen Stil entwickelte.

Monumental

Zur „Straße der Monumente", die seit 2008 deutsche Denkmale und Erinnerungsorte verknüpft, gehören neben dem Völkerschlachtdenkmal (Leipzig), der Berliner Siegessäule, dem Marine-Ehrenmal (Laboe), der Wartburg (Eisenach) und dem Kyffhäuserdenkmal auch zwei Monumente in OWL: das Kaiser-Wilhelm-Denkmal (Porta Westfalica) und natürlich das Hermannsdenkmal (Detmold). Zudem stehen die beiden ostwestfälisch-lippischen Schwergewichte auf der Liste der deutschen Nationaldenkmäler.

Ranking

Die Universität Bielefeld ist die größte Bildungs- und Forschungseinrichtung in OWL. Im alljährlichen Hochschul-Ranking des in London erscheinenden Magazins „Times-Higher-Education" belegt die Bielefelder Uni im Jahr 2020 den 166. Rang der weltbesten Universitäten.

Einzigartig

Die bereits 1969 in der Bielefelder Universität gegründete Fakultät für Soziologie ist in der deutschen Hochschullandschaft bis heute einzigartig und eine der größten wissenschaftlichen Institutionen dieses Faches in ganz Europa.

Asterixmäßig

Um den realen Hintergründen der „Asterix & Obelix"-Aben-
teuer auf die Spur zu kommen, braucht es keine langen Wege.
So könnte sich die Geschichte über die geteilte Siedlung aus
Heft Nr. 25, „Der große Graben", durchaus auch in OWL
zugetragen haben. Eine solche geteilte Doppelstadt war während des Mittelalters auch Warburg. Von einer hohen Mauer
umgeben und durch eine solche getrennt, unterhielten Alt- und
Neustadt eigene Märkte, eigene Kirchen, eigene Rathäuser und
bekamen sich immer wieder in die Wolle. Erst 1346 kam es zur
vorsichtigen Annäherung.

Naturschutzgroßprojekt

Die Senne ist den meisten Menschen als Truppenübungsplatz bekannt, der bereits im 19. Jahrhundert hier eingerichtet wurde. Tatsächlich ist die Landschaft eine der menschenwidrigsten und nährstoffärmsten Regionen des Landes. Dennoch sind hier mehr als 5.000 Pflanzen- und Tierarten beheimatet, über 900 davon sogar auf der Roten Liste der gefährdeten Arten. Die Senne gilt daher als europaweiter Hotspot der Biodiversität und ist ein Naturschutzgroßprojekt mit gesamtstaatlicher Bedeutung.

International

Das statistische Jahrbuch der Uni Bielefeld hat notiert, dass im Wintersemester 2018/2019 insgesamt 25.015 Studierende eingeschrieben waren, von denen die meisten (über 20.000) aus NRW kamen, 116 sogar aus Berlin, allerdings nur 25 aus dem Saarland. 1.105 Studierende kamen aus anderen europäischen Staaten, 129 aus Afrika, 135 aus gesamt Amerika, 554 aus Asien und aus Ozeanien lediglich ein Neuseeländer und eine Australierin.

Megabaustelle

1972 waren die Bauarbeiten am Bielefelder Uni-Hauptgebäude in vollem Gange. Als in München die Bauarbeiten für das Olympiastadion abgeschlossen waren, galt die Megabaustelle (1,2 Mio. m³ umbauter Raum, 62.000 m² überbaute Fläche, 140.000 m² Nutzfläche) am Teutoburger Wald als größte Baustelle des ganzen Landes.

Heimatglobus

Es gibt ihn vom Ruhrgebiet, von Ostfriesland und inzwischen auch von Ostwestfalen-Lippe, sogar in verschiedenen Größen, und er ist für den echten OWL-Fan ein Muss.

Ommmm

So sehr sie sich in dem modernen Besucherzentrum auch bemühen, die Erkenntnisse und den aktuellen Wissensstand der Archäologen, Kulturhistoriker und Naturwissenschaftler zu erläutern, wenn die Sommersonnenwende naht, ziehen die Esoteriker, Feuertänzer und Schamanen nach OWL, um die Externsteine in Beschlag zu nehmen und zu einem heidnisch-magisch-kultischen Kraftort zu erklären. Ommmm.

Gesalzen

Der Stadtname und die Salzsiederfigur am Marktplatz von Bad Salzuflen machen mehr als deutlich, dass in OWL einige der ältesten Salzabbaugebiete Deutschlands zu finden sind und den Städten durch „gesalzene Preise" fürs „weiße Gold" unermesslichen Reichtum bescherten.

Römerpferde

In der Senne bei Detmold grasen sie wieder, die Senner Pferde. Und es handelt sich natürlich nicht einfach um irgendwelche Pferde, die hier in fast freier Wildbahn leben, sondern um die älteste Pferderasse Deutschlands. Einige behaupten sogar, sie seien den Römern damals während der Varusschlacht davongelaufen.

Knitterfrei

Die bekannteste deutsche Hemdenmarke kommt aus OWL. Die 1919 gegründete Manufaktur von Walter Seidensticker setzte auf Qualität und arbeitsteilige Fertigung mittels Taktfließbändern, wodurch 1938 bereits eine Million Hemden pro Jahr gefertigt werden konnte. Unter dem Namen „Toplin" kam 1956 das erste deutsche Markenhemd auf den Markt, das zudem das erste bügelfreie Baumwollhemd überhaupt war.

Open-Air-Ausstellung

Die Überreste uralter Behausungen, die man in den 1920er-Jahren nahe Oerlinghausen zutage förderte und ganz allgemein für „germanisch" erklärte, initiierten in OWL das älteste archäologische Freilichtmuseum der Welt. Doch erst im dritten Anlauf ab 1979 schuf man eine Open-Air-Ausstellung, in der die wissenschaftlichen Ergebnisse der modernen Archäologie und nicht Idealisierung und Propaganda Pate standen.

Archiviert

Wer sich für OWL interessiert, kommt am Landesarchiv zu Detmold nicht vorbei, in dem die Abteilung Ostwestfalen-Lippe allein 30 Regalkilometer mit Archivgut einnimmt. Dazu gehören ungefähr 12.000 Urkunden, 100.000 Karten, 40.000 Fotos, 12.000 Plakate, 400 Filme und kilometerweise Akten, Register, Amts- und Kirchenbücher.

Weicheier

Die wichtigsten Szenen für die ZDF-Produktion „Glück ist was für Weicheier" mit Tina Ruland und Martin Wuttke wurden im Schatten des Teutoburger Waldes in einer ruhigen Siedlung in Bielefeld-Quelle gedreht. Weitere Drehorte in OWL waren Bad Salzuflen und Detmold.

Grand Slam

Im März 1945 detonierte in OWL die schwerste bis dahin gebaute konventionelle Fliegerbombe. Die erste der als „Grand Slam" bezeichneten „Erdbebenbomben" war 7,74 Meter lang und über 10 Tonnen schwer, als sie aus 6.700 Metern Höhe nahe dem Schildeschen Viadukt bei Bielefeld niederging, sechs Pfeiler zerstörte und einen 18 Meter tiefen Krater hinterließ.

Extrem

Die Karriere des in Borgholzhausen aufgewachsenen Jost Kobusch (Jg. 1992) begann ganz harmlos bei der Kletter-AG seiner Schule. Heute zählt der OWLer zu den bekanntesten Extrembergsteigern Deutschlands, der sich mit verschiedenen Solo-Begehungen ohne Sauerstoff, Erstbegehungen und einer Partie Blitzschach unter dem Gipfel des Mount Everest einen Namen gemacht hat.

Milchpilz

Sie sind eine aussterbende Art, doch hier und da findet man manchmal jene fliegenpilzförmigen Kioske, mit denen in den 1950er-Jahren der Verkauf von Milch und Milchprodukten gefördert werden sollte. Einer dieser nostalgischen Milchpilze, die häufig unter Denkmalschutz stehen, hat bis heute in der Nähe des Borgholzhausener Bahnhofs überlebt.

Abwärts

Enge Kurven und starkes Gefälle locken immer wieder Rollsportler auf die Zufahrtsstraße zum Luisenturm in Borgholzhausen. 2004 wurde auf der Strecke sogar die Inline-Skate-Downhill-Weltmeisterschaft ausgetragen. Bei diesen Wettbewerben werden im Schnitt 60 km/h, aber auch Geschwindigkeiten bis zu 110 km/h erreicht.

Hochburg

Bei den Suryoye handelt es sich um eine christliche Volksgruppe des Nahen Ostens, zu denen die Aramäer, Assyrer und Chaldäer gezählt werden. Ein Großteil der in Deutschland lebenden Mitglieder dieses Volkes lebt in OWL, wobei die Stadt Gütersloh als „Suryoye-Hochburg" gilt. Hier wird sogar das Programm des internationalen aramäischen Fernsehsenders Suryoye-Sat produziert.

Sternenstückchen

Dreißig Jahre nach seinem Fund wurde kürzlich ein 53 Kilogramm schwerer „Stein" beim Institut für Planetenforschung abgegeben, der die Wissenschaftler zum Staunen brachte, handelte es sich doch um den größten je in Deutschland gefundenen Steinmeteoriten. Insgesamt gibt es landesweit nur 53 solcher Funde, drei davon in OWL: Gütersloh-Kattenstroth (1851, 1000 g), Barntrup (1886, 17 g), Willebadessen-Peckelsheim (1953, 118 g). Alle drei wurden schon während des Falls beobachtet.

Aufklärungsquote

Laut Kriminalstatistik wurden im Jahr 2019 in OWL insgesamt 96.755 Straftaten angezeigt, von denen 54.770 Fälle aufgeklärt werden konnten, was einer Aufklärungsquote von 56,6 Prozent bedeutet. Insgesamt ging die Zahl der bekannt gewordenen Straftaten sogar um 3,69 Prozent zurück und sank im Kreis Herford sogar um 7,84 Prozent auf einen historischen Tiefstwert von 10.410 Taten. Applaus für die Polizei!

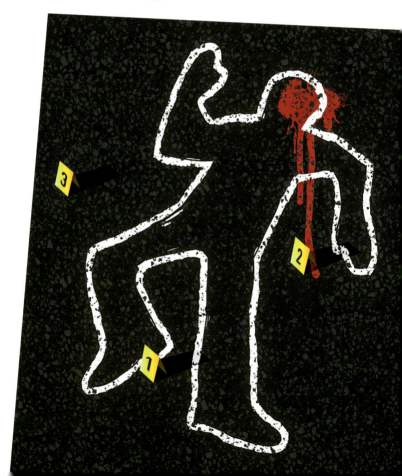

Russlanddeutsch

Wie sich vor rund 250 Jahren zahllose OWLer aufmachten, um in den öden Fernen des Russischen Reiches ihr Glück zu machen und damit eine generationenlange Migrationsgeschichte begannen, ist im Museum für russlanddeutsche Kulturgeschichte in Detmold zu erfahren. Es ist zumindest landesweit das einzige Museum für jene Ausgewanderten, Eingewanderten und Zurückgewanderten.

Maritim

Obwohl weit von den Meeresküsten entfernt, wird auch in OWL die Seefahrt gewürdigt. Das gilt besonders für Gütersloh mit seinen drei Shanty-Chören, dem „Stammtisch Hamburger Jungs" und der „Marinekameradschaft Adolph Bermpohl", deren Namensgeber in Gütersloh geboren wurde und Initiator der „Deutschen Gesellschaft zur Rettung Schiffbrüchiger" war.

Schnellfiltern

1929 zog die Firma Bentz & Sohn von Dresden ins ostwestfälische Minden. Im Gepäck ihr Bestseller, die geniale Erfindung
von Unternehmergattin Melitta Bentz, das 1908 patentierte
Kaffeefilterpapier samt Alu-Kaffeefilter. In OWL wurde 1937
dann die bis heute typische, spitz zulaufende Filtertüte samt
Porzellanfilter entwickelt und patentiert. Damit wurde „Schnell-
filtern" zum landesweiten Trend. 1962 wurde in OWL die
nächste Innovation entwickelt, die für uns heute so selbstverständlich ist: fertig gemahlener Kaffee in Vakuumverpackung.

Zugkräftig

Um Punkt 11:17 Uhr am 26. November 1985 verließ der Inter-CityExperimental den Bielefelder Bahnhof zu seiner offiziellen Vorstellungsfahrt. Auf dem Streckenabschnitt zwischen Güters-loh und Hamm erreichte der mit Fahrgästen voll besetzte Vorläufer des ICE um 11:29 Uhr eine Geschwindigkeit von 317 km/h: neuer deutscher Rekord für Schienenfahrzeuge und kurzfristiger Weltrekord für Drehstrom-Schienenfahrzeuge.

Zackig

Etwa 2,2 Gramm schwer und ausgestattet mit 21 Zacken halten die unscheinbaren Blechdinger aus OWL einfach dicht, bis man ihnen mit Feuerzeug, Tischkante oder Flaschenöffner zu Leibe rückt. Die Firma Brüninghaus in Versmold produziert die dichthaltenden Verschlüsse, die man hier Kronenkorken nennt, bereits seit 1954. Täglich treten von OWL aus 40 Millionen zackige Exemplare ihren Weg in die Brauereien der Welt an.

Kellerbier

Der in einen Berg geschlagene Lagerkeller gab der 1878 in Schweicheln bei Herford gegründeten „Brauerei Felsenkeller" ihren Namen. Unter der Bezeichnung „Herforder Brauerei" erlebte die Bierbrauerei in den 1980er-Jahren mit einer Produktion von jährlich 1,1 Millionen Hektolitern ihren Höhepunkt und gehörte seinerzeit zu den größten deutschen Privatbrauereien. Seit 2007 gehört sie zur Warsteiner Gruppe.

Mausbrücke

Wenn eine Brücke im sogenannten Taktschiebeverfahren mit einem Vorbauschnabel errichtet wird, dann ist das nicht mal für Ingenieure eine normale Prozedur. Als die 526 Meter lange Balkenbrücke Ende der 1990er-Jahre über das Tal der Else geschoben wurde, war daher die „Sendung mit der Maus" dabei und dokumentierte den mehrmonatigen Bau Tag für Tag.

Küchenmöbel

Mit den Poggenpohl Möbelwerken, die bereits seit 1897 in Herford produzieren und weltweit für ihre hochwertigen Küchenmöbel bekannt sind, ist in OWL Deutschlands älteste Möbelmarke beheimatet.

Herrenklamotte

Die in Herford ansässigen Bekleidungsunternehmen Ahlers, Leineweber und Bugatti stehen seit mehreren Jahrzehnten für eine qualitätvolle Textilindustrie. Somit haben drei der fünf größten europäischen Herrenbekleidungsunternehmen ihren Sitz in OWL.

Kaunitz

Die Ostwestfalenhalle in Verl-Kaunitz ist über OWL hinaus längst zu einem Synonym für Märkte, Messen und Konzerte geworden. Der über 1.800 Quadratmeter große Innenraum und das riesige Außengelände locken jeden ersten Samstag im Monat Besucher und Händler von weit her, um bei einem der größten Tier-, Hobby- und Trödelmärkte des Landes dabei zu sein. Highlight ist seit nunmehr 35 Jahren das alljährliche Truck-Treffen, zu dem sich tausende Trucker, Biker und Westernfans ein Stelldichein geben.

DGzRS

Die merkwürdige Abkürzung steht für die „Deutsche Gesellschaft zur Rettung Schiffbrüchiger", deren schiffförmige Spendenbox auch in OWL auf mancher Theke zu finden ist. Eine besondere Bedeutung hat sie hier im tiefsten Binnenland, weil der Navigationslehrer Adolph Bermpohl (1833–1887) in Herford aufwuchs, bevor er zur See fuhr, eine Havarie überlebte und mit dem Aufbau von Rettungsstationen an der Nordsee begann.

Herzdebüt

Nahe Bremen geboren, wuchs Joris Ramon Buchholz (Jg. 1989) in Vlotho/OWL auf, bevor er 2015 mit der Single „Herz über Kopf" als Liedermacher JORIS debütierte und die Charts eroberte.

Musikburg

Wer einmal dem Klang vergangener Epochen lauschen möchte oder gar selber Hand an historische Instrumente legen möchte, dem wird deutschlandweit die Burg Sternberg in Extertal empfohlen. Mitten in OWL hat sich die 700 Jahre alte, trutzige Höhenfestung seit rund 70 Jahren zum weithin einzigartigen „Klingenden Museum" entwickelt, das Klangreisen der ganz besonderen Art ermöglicht.

Höhenrekord

Das Hermannsdenkmal ist über 53 Meter hoch und war damit bei seiner Fertigstellung im Jahr 1875 das höchste Denkmal der Welt – genau elf Jahre lang, dann übernahm die 40 Meter höhere Freiheitsstatue in New York die Führungsposition.

Nichthauptstadt

Die Stadt an der Lippe, die 1185 vom Edelherrn Bernhard II. zur Lippe als Stadt Lippe gegründet wurde, wurde später in Lippstadt umbenannt, ging 1850 an Preußen, gehört seit 1975 zum Kreis Soest und ist daher, trotz des Namens, nicht die Hauptstadt von Lippe.

OWL-Trio

Seit 1887 sind sich die Statistiker einig, dass sich eine Stadt mit mehr als 100.000 Einwohnern als Großstadt bezeichnen darf. Seit 2018 zählt nach Bielefeld (334.195 Einw.) und Paderborn (151.633) auch Gütersloh (100.861) zum OWL-Großstadttrio und hat inzwischen sogar Kaiserslautern einen Rang abgelaufen.

Schwimmkuh

Aber selbstverständlich gibt es in OWL schwimmende Kühe!
Und das Jahrmillionen alte Skelett einer Seekuh, das 1912
im Doberg bei Bünde gefunden wurde. Unter dem Namen
Anomotherium langewiesche ist es der Star des Doberg-
museums – Geologisches Museum Ostwestfalen-Lippe.

JvdL

Es mag einige OWLer geben, die sich Jürgen von der Lippe
durchaus als König von Lippe vorstellen können. Inzwischen
hat sich jedoch herumgesprochen, dass der in Bad Salzuflen
geborene Tausendsassa eigentlich Hans-Jürgen Hubert Dohrenkamp heißt und den Künstlernamen mit Blick auf seine lippische
Heimat wählte, ohne mit dem Adelsgeschlecht von der Lippe in
Konkurrenz treten zu wollen.

Widerspruch

Na klar, der Begriff „Ost-Westfale" beinhaltet einen Wider-
spruch in sich. Wer diesen Sachverhalt allerdings sprach-
gebildet und kultiviert zum Besten geben möchte, der
wähle den lateinischen Ausdruck „contradictio in adiecto".

Kochkönner

Dass die deftige Küche in OWL mit Pickert und Pumpernickel durchaus das Zeug hat, Kochkarrieren hervorzubringen, haben die Fernsehköchin Sarah Wiener (geb. in Halle) und die Sterneköchin Cornelia Poletto (aufgewachsen in  Hövelhof), TV-Koch Timo Hinkelmann und Michelin-Gourmet Bernhard Kampmann (beide geb. in Bielefeld), der Sternekoch Ernst-Heiser Huser (geb. in Paderborn) und der zwei-Sterne-TV-Koch Christian Lohse (geb. in Bad Oeynhausen) längst in den gehobenen Küchen der Welt bewiesen.

Hallenkirche

Die Bartholomäuskapelle im Zentrum von Paderborn feierte 2017 ihren tausendsten Geburtstag. Bischof Meinwerk ließ das Gotteshaus seinerzeit von griechischen Bauleuten errichten, die damit die älteste bekannte Hallenkirche nördlich der Alpen schufen.

Geistreich

Vermutlich hätte sich niemand an den lippischen Kaufmann und Gewerbereisenden namens Friedrich Weerth (1822–1856) erinnert, wenn er nicht so eifrig die literarische Schreibfeder geschwungen hätte. Als Freund von Friedrich Engels und Mitarbeiter von Karl Marx machte sich der OWLer als geistreichster Autor seiner Zeit einen Namen und wurde als „bedeutendster Dichter des deutschen Proletariats" gewürdigt.

Präsent

Man feierte den Detmolder Poeten in den 1840er-Jahren als „Trompeter der Revolution" und klagte ihn wegen „Aufforderung zum Widerstand und Majestätsbeleidigung" an. Ferdinand Freiligrath (1810–1876) war einer der populärsten deutschsprachigen Lyriker seiner Zeit, dessen DDR-stürzende Gedichtzeile „Wir sind das Volk" nicht nur in OWL bis heute präsent ist.

Sichtweise

Einer der berühmtesten Reisenden und interessantesten Gelehrten des 17. Jahrhunderts war ohne Zweifel Engelbert Kaempfer (1651–1716). Seine Reise von OWL bis ans andere Ende der Welt sowie seine einzigartigen Aufzeichnungen über Asien und seinen Besuch am japanischen Kaiserhof sollten für Jahrhunderte die europäische Sicht auf den Fernen Osten bestimmen.

Pader

Aus den zahlreichen Quellen der Pader im Paderborner Stadt-
gebiet strömen bis zu 5.000 Liter Wasser pro Sekunde hervor
und bilden damit eine der stärksten Quellen in ganz Deutschland.

Wanderer

Die Wanderarbeit war in OWL bis hin zur Weimarer Republik
das harte und entbehrungsreiche Los vieler Bauern, Weber und
Spinner. Wir hätten kaum eine Vorstellung vom Leben dieser
Arbeiter, wenn nicht Friedrich Wienke (1863–1930) die Arbeit,
das Heimweh und die Sorgen dieser Männer in einfachen
Gedichten festgehalten hätte. Als „Zieglerdichter" wurde er
über die Grenzen von OWL bekannt.

Pfortenstadt

Die Portaner wohnen in Porta Westfalica, jener Stadt, wo die Weser die Westfälische Pforte zwischen Wiehen- und Wesergebirge in Richtung Norddeutsche Tiefebene durchbricht – und es ist die einzige deutsche Stadt mit einer lateinischen Bezeichnung.

Aufbewahrungsanstalt

Fürstin Pauline (1769–1820) wurde als eigenwillige und reform-
freudige Regentin Lippes berühmt, die sich auch auf dem europäischen Parkett der Diplomatie zu behaupten wusste. Ganz
nebenbei sorgte sie für die Einrichtung des ersten Kindergartens
in Deutschland, der seinerzeit noch als „Aufbewahrungs-Anstalt
für kleine Kinder" bezeichnet wurde.

Einwohnerstatistik

Meistens sind Statistiken ziemlich langweilig. Interessant wird
es jedoch, wenn man die drei OWL-Großstädte im Einwohner-
ranking aller 81 deutschen Groß- und Mittelstädte betrachtet.
Da liegt Bielefeld auf Platz 18, vor Bonn und nach Wuppertal,
Paderborn auf Rang 56, vor Ingolstadt und nach Regensburg
und Gütersloh, die jüngste Großstadt im Bunde, auf Stufe 80,
vor Kaiserslautern und nach Hildesheim.

Riesenwerk

Es war ein OWLer, der 1620 mit einem neuen Messverfahren
nicht nur den ersten Atlas Nordrhein-Westfalens vorlegte, sondern auch den genauesten und informativsten Atlas seiner Zeit
schuf. Der berühmte Kartograf Johannes Gigas (1582–1637) kam
unter dem Namen Riese in Lügde zur Welt.

Forellenmacher

Die erste nachgewiesene künstliche Befruchtung bei Wirbeltieren wurde in OWL durchgeführt. Es war Stephan Ludwig Jacobi (1711–1784), dessen Zuchtversuche mit Forellen im lauschigen Kalletal fruchteten. Zwar wurde seine Entdeckung zunächst vergessen, heute jedoch gilt der geniale Tüftler als der „Forellenmacher", und man errichtete ihm sogar ein Denkmal.

Erkenntnisse

Der Apotheker-Erker am Rathaus zu Lemgo ist nicht nur ein architektonisches Glanzstück der Weserrenaissance, sondern auch ein einzigartiges Kunstwerk mit mannigfachen Details. Darüber hinaus ist die halbplastische Darstellung der zehn „Weisen" ein ausdrucksstarkes Zeugnis dafür, welche medizinischen und wissenschaftlichen Erkenntnisse sich in OWL bereits zu Beginn des 17. Jahrhunderts herumgesprochen hatten.

Gebaut-Preis

Die Gewinner des im Jahr 2020 erstmals ausgelobten „Bundespreises Stadtgrün" in vier Kategorien (Bundesministerium des Inneren für Bau und Heimat) wurden aus über 230 Wettbewerbsbeiträgen ausgewählt. Der Preis für die Kategorie „Gebaut" ging nach OWL: In Paderborn wurde damit die umfassende Neugestaltung und Renaturierung des innerstädtischen Paderquellgebietes honoriert.

Rednerin

Wen sollte es wundern, dass die erste Frau, die als gewählte Abgeordnete vor einem Landtag eine Ansprache halten durfte, eine OWLerin war? 1919 sprach Marianne Weber, geborene Schnitger (1870–1954) aus Oerlinghausen, vor dem Badischen Landtag in Karlsruhe die selbstbewussten Worte: „Wir Frauen werden hier ... auch die Interessen unseres Geschlechts zu vertreten haben ..."

Himmlisch

In der Stadt Büren, ganz im Süden von OWL, errichtete Baumeister Franz Heinrich Roth zwischen 1754 und 1773 für den
Jesuitenorden die Kirche Maria Immaculata (unbefleckte Maria).
Das im Stil des Spätbarock gestaltete Gotteshaus gilt weithin
als schönstes Bauwerk der Region und ist eine der ganz wenigen Kirchen nördlich des Mains in diesem italienisch beein-
flussten Stil. Die „Jesuitenkirche" gilt in vielerlei Beziehung
als architektonisches Kleinod. Besonders eindrucksvoll ist die
perspektivische Deckenbemalung, die den Eindruck entstehen
lässt, als sei die Kirche nach oben geöffnet und als schaue der
Besucher direkt in den Himmel. Die Malerei wird daher auch
als der „westfälische Himmel" bezeichnet. Sehr viel himmli-
scher als den gemalten Himmel finden viele OWLer den „westfälischen Himmel" über dem Kamin, wo einst Wurst und Speck
geräuchert wurden.

Fegefeuer

Unweit des „westfälischen Himmels" in der Bürener „Jesuiten-kirche" soll sich nach einer alten Sage in einem Berg bei Wewels-burg das „Fegefeuer des westfälischen Adels" befinden. Es war die berühmteste westfälische Schriftstellerin, Annette von Droste-Hülshoff, die den Stoff um 1840 in einer Ballade verarbeitete und die Sage dem Publikum jenseits von OWL vorstellte.

Running Gag

Die Krimireihe „Wilsberg" spielt zumeist im westfälischen Münster. Besonderes Kennzeichen: In jeder Folge wird als Running Gag irgendwie der Name der OWL-Metropole Biele-feld erwähnt, eine Hommage des Drehbuchschreibers an seine Heimat. 2005 wird Wilsbergs Freund Manni sogar nach Biele-feld/OWL versetzt. 2018 kam Leonard Lansing alias Wilsberg tatsächlich nach OWL, um in Bielefeld die Folgen 64, 65 und 66 zu drehen.

Survival

Den Spruch „In OWL aufwachsen heißt überleben lernen!" hat wohl bislang noch niemand geprägt. Er würde aber zu dem Konditor und Aktivisten, Abenteurer und Überlebenskünstler Rüdiger Nehberg (1935–2020) passen, der in Zentral-OWL, am Stadtrand von Bielefeld aufwuchs und als „Sir Vival" Berühmt-heit erlangte.

Culinarium

Im Norden von Südostwestfalen, genauer im Städtchen Nieheim, beschäftigt man sich intensiver als anderswo mit den
wichtigsten Köstlichkeiten aus OWL. Das „Westfalen Culi-
narium" präsentiert auf 3.000 Quadratmetern das Deutsche
Käsemuseum (besonders den Nieheimer Käse), das Westfälische
Schinkenmuseum (besonders den Westfälischen Knochenschinken), das Westfälische Brotmuseum (besonders das
Westfälische Pumpernickel) und das Westfälische Bier- und
Schnapsmuseum (besonders das Nieheimer Bürgerbier). Und in
diesen Museen gilt: Probieren geht über Studieren.

Familienname

OWL ist eindeutig die Region in Deutschland, in der die wohl-
klingendsten und wahrscheinlich auch einzigartigsten Nach-
namen wie Flötotto, Indenbirken oder Klasfauseweh zu finden
sind. Noch dazu ist der mit 24 Buchstaben längste Familien-
name ohne Bindestrich und Leerzeichen ein echter OWLer:
Ottovordemgentschenfelde.

Rosenmontagsumzug

Wenn in dem 8.000-Seelen-Städtchen Steinheim der Frohsinn
regiert und sich OWLs ältester Rosenmontagszug in Gang setzt,
dann wächst der Ort kurzfristig auf seine dreifache Einwohner-
zahl an. Mit rund 25.000 närrischen Besuchern ist es der größte
Umzug in der Region.

Merkwürdigkeiten

Eines der merkwürdigsten Gremien in ganz OWL wird seit 1981 alljährlich am 11.11. in Steinheim ermittelt. Alle ehemaligen Träger des sogenannten Bumerangordens finden sich im Bumerangordensträgerelferratsschattenkabinett zusammen, um den aktuellen Bumerangordensträger mit einem Verdienstorden auszuzeichnen, den es nur hier gibt.

Pentagondodekaeder

Das Mineral Pyrit, vielen auch als Eisenkies oder Katzengold bekannt, kann durch chemische Reaktion ziemlich spannende kubische Formen hervorbringen. Eine der bekanntesten Formen, die die Natur aus Pyrit hervorgebracht hat, wurde im Weserbergland nahe Vlotho und Exter gefunden. Es handelt sich um zwei verwachsene Pentagondodekaeder, die in der Mineralogen-Szene als „Eisernes Kreuz" Berühmtheit erlangten.

Oberklasse

Die Kulturveranstaltungen, die auf Gut Bökel in Rödinghausens Ortsteil Bieren stattfinden, genießen weit über OWL hinaus einen hervorragenden Ruf. Besonders die Konzertreihe „Russischer Sommer" mit Spitzenorchestern wie dem „The Royal Philharmonic Orchestra", der „Nordwestdeutschen Philharmonie" oder dem „Sankt-Petersburg Cello-Ensemble" wird bundesweit in den höchsten Tönen gefeiert.

Riesig

Die ab 1220 zu Herford errichtete Münsterkirche mit ihrem markanten Sieben-Sonnen-Tor gilt als größte Hallenkirche Westfalens und wird in der Architekturgeschichte als erster Hallen-kirchen-Großbau in ganz Deutschland bewundert.

Fensterkunst

Wer in Herford die Johanniskirche besucht, kann eines der ältesten Glasfenster Westfalens bewundern. Es stammt etwa aus dem Jahr 1310 und zeigt in diversen Medaillons Szenen aus dem Leben Jesu.

Hanseatisch

Bis zu ihrem Untergang 1669 gehörten über 300 See- und Binnenstädte dem Kaufmannsnetzwerk Hanse an. Gut 300 Jahre später fand man sich erneut zusammen, um den alten Bund wieder aufleben zu lassen. Inzwischen zählt die Hanse der Neuzeit insgesamt 194 Städte in 16 Ländern, darunter 47 Städte der sogenannten Westfälischen Hanse, zwölf davon aus OWL.

Hydro-Ungerechtigkeit

Aus über 200 Quellen fließt das Wasser inmitten von Paderborn über sechs Bächlein zur Pader zusammen. Und obwohl es eine der stärksten Quellen Deutschlands ist und die Pader, wenn sie bei Schloß Neuhaus in die Lippe mündet, die dreifache Wassermenge führt, wird sie zum Nebenfluss degradiert und muss ihren Namen abgeben. Mit einer Länge von nur rund 4,4 Kilometern gilt die Pader daher als kürzester Fluss Deutschlands. Auch die Alme, die nur wenig später in die Lippe mündet, geht ihres Namens verlustig, obwohl sie bis dahin schon sehr viel länger ist als die Lippe. Kurz: Die Hydrologie ist ungerecht.

Gartenlandschaft

Mit ihren rund 200 Gärten, Kur-, Schloss- und Stadtparks
sowie den Gartenanlagen von vier Landesgartenschauen ist die
„Garten_Landschaft OstWestfalenLippe" eines der kulturellen
Highlights der Region.

Freilicht

Das bereits 1971 eröffnete Westfälische Landesmuseum für
Alltagskultur, besser bekannt als Freilichtmuseum Detmold, ist
mit einer Fläche von etwa 90 Hektar und rund 120 historischen
Gebäuden das größte Freilichtmuseum Deutschlands und nach
Meinung der Fachleute das bedeutendste seiner Art in ganz
Europa.

Superheld

Der Superheld von OWL heißt Padermann. Der so Genannte
entwickelte seine Superkräfte vor etwa 20 Jahren, nachdem
er in alle sechs Quellarme der Pader in Paderborn gefallen
war. Seither verübt die Kopfgeburt von Erwin Grosche allerlei
Heldentaten, die den OWLern schon seit Langem auf der Seele
liegen.

Heimatschinken

Der Westfälische Knochenschinken ist einer der bekanntesten und beliebtesten Leckerbissen der Region OWL. Im November 2013 wurde er in das europäische „Register der geschützten Ursprungsbezeichnungen und der geschützten geografischen Angaben" eingetragen. Er steht damit auf einer Stufe mit Champagner, Parmaschinken und Parmesan.

Langfinger

2019 verzeichnete die Polizei in der Region OWL 6.590 Fahrrad-
diebstähle, 2.014 Wohnungseinbrüche und 451 Autodiebstähle.
Allerdings sind die Taten der Langfinger in diesen Bereichen
rückläufig, bei den Autoknackern sogar um 20 Prozent.

Tussi

OWLer lieben ihre Tussi. Nicht, dass es in OWL keine nervigen Ehefrauen oder oberflächliche Mädchen geben würde, die man manches Mal gerne als Tussi oder Tusse bezeichnen könnte. Vielmehr ist es so, dass man in OWL sehr wohl weiß, dass die Bezeichnung vom weiblichen Vornamen Thusnelda stammt, jener wackeren Dame neben Superstar und Römerbezwinger Hermann. Die Verehrung geht sogar so weit, dass man eigens ein liebliches Bier braute und es nach ihr benannte.

Nähmaschinenhotspot

1860 entstand unter dem Namen Koch & Co die erste Bielefelder Nähmaschinenfabrik. Um 1880 waren es bereits 19 Fabriken (u.a. Dürkopp, Adler), die sich diesem höchst speziellen Segment widmeten und OWL zu einem der landesweit wichtigsten Nähmaschinenproduktionsstandorte erhob.

Serie

In den 1880er-Jahren kam die Bielefelder Nähmaschinenfabrik des Nikolaus Dürkopp in wirtschaftliche Schwierigkeiten und man begab sich auf die Suche nach neuen Möglichkeiten. Fahrräder waren die Lösung. Bereits 1885 begann man bei Dürkopp mit der Herstellung von Fahrrädern, und zwar als eines der landesweit ersten Unternehmen in Serienproduktion.

Süßstadt

Bereits in den 1860er-Jahren begann sich Herford als die
süßeste Stadt in ganz OWL und darüber hinaus zu etablie-
ren. Eine Süßwarenfabrik nach der anderen schoss aus dem
Boden, um an dem Lecker-Boom mitzuverdienen. Bonbon-
und Schokoladenkochereien, Keks-, Waffel- und Lebkuchen-
bäckereien – zwischen 1890 und 1914 bestanden in Herford
immer rund zwanzig Fabriken gleichzeitig, die OWL zeit-
weilig zum süßen Zentrum des ganzen Landes machten.
Heute gibt es in Herford nur noch zwei Unternehmen dieser
Branche.

H$_2$CO$_3$

Wer sich mit Kohlensäure beschäftigt – die bei unzähligen Produktionsprozessen eingesetzt wird, jedoch am ehesten aus Erfrischungsgetränken geläufig ist –, der kommt an OWL nicht vorbei. Genauer gesagt an Herste, einem Stadtteil von Bad Driburg, wo Carl Gustav Rommenhöller 1894 den Westfalia-

Sprudel erschloss und ein Werk für die Kohlensäureverarbeitung schuf. Ein Denkmal mit Lindenallee erinnert an den Industrie-Pionier, der seinerzeit große Teile des Deutschen Reiches mit H$_2$CO$_3$ versorgte.

Sozial

Dass in OWL zahlreiche Unternehmen entstanden, deren Produkte einst als neuartig und höchst fortschrittlich galten, dürfte inzwischen bekannt sein. Doch technische Innovationen wie das „Dürkopp Kettenlos", ein ab 1910 in Bielefeld gefertigtes Fahrrad mit Kardanantrieb, und die von der Firma eingeführte Serienproduktion sind nur die eine Seite. Auf der anderen Seite führte die Firma Dürkopp bereits 1873, zehn Jahre vor der Bismarck'schen Sozialgesetzgebung, eine „Fabrikkasse" zur Krankenversicherung der Belegschaft ein. Sie ist als BKK Dürkopp Adler bis heute existent.

Grabstättenanlage

Deutschlandweit gibt es rund 32.000 Friedhöfe. Fachleute fanden im Jahr 2015 den schönsten Friedhof Deutschlands in OWL und zeichneten den Bielefelder Sennefriedhof mit dem „Bestattungen.de-Award" (ja, den gibt es tatsächlich!) aus. Da Schönheit vergehen kann, sei hier angemerkt, dass die 1900 eingerichtete „Grabstättenanlage" Sennefriedhof mit ihren 100 Hektar Fläche auch die drittgrößte des Landes ist.

Scheidepunkt

Trifft ein Regentropfen in der Nähe des sogenannten Dreiflusssteins auf den Kamm des Teutoburger Waldes, dann hat er prinzipiell die Möglichkeit, in Weser, Ems oder Rhein zu landen. Denn genau an jener, vom Dreiflussstein markierten Stelle befindet sich ein dreifacher hydrografischer Wasserscheidepunkt, der zwar nicht einzigartig, aber doch ziemlich besonders ist. Hier begegnen sich die Rhein-Weser-Wasserscheide, die Weser-Ems-Wasserscheide und die Rhein-Ems-Wasserscheide.

Visionär

In OWL ist man durchaus visionär. Und so wundert es nicht, dass einst ein Schäfer auf dem Luttenberg in Herford einer Vision teilhaftig wurde. Da jedoch Erscheinungen jeglicher Art über lange Zeit durchaus häufiger vorkamen, soll hier angemerkt sein, dass diese visionäre Eingebung angeblich schon im 10., spätestens im 11. Jahrhundert stattfand und damit eindeutig als die älteste Marienerscheinung nördlich der Alpen bejubelt werden darf. Argument genug für eine Kirche, Wallfahrten, Umzüge und schließlich die Kirmes „Herforder Vision", eines der ältesten deutschen Volksfeste.

Exotik

Wahrlich exotisch geht es in OWL im Safariland Stukenbrock zu, einem Freizeitpark, in dem bereits seit 1969 die zahlreichen exotischen Tiere die eigentliche Attraktion sind.

Polle

Der heutige Pollhansmarkt, der seit über 350 Jahren in Schloß Holte-Stukenbrock stattfindet, ist eine Mischung aus Kirmes, Bauern- und Händlermarkt und Wirtschaftsschau. Jährlich am dritten Oktoberwochenende wird das 27.000-Seelen-Städchen mit einer zehnfachen Besuchermenge überflutet, die den „Polle" nach „Libori" in Paderborn und dem „Leinewebermarkt" in Bielefeld zu einem der größten Jahrmärkte in OWL macht.

Fettfleck

Weil die maschinell gewebte Baumwolle aus England die traditionelle ostwestfälisch-lippische Leinenweberei verdrängte, bedurfte es um 1850 eines Strukturwandels. Da sich in der Gegend um Versmold lediglich karge, landwirtschaftlich ungünstige Flächen befanden, setzte man auf die Schweinemast. Das Borstenvieh wurde zur Mast in die weiten Wälder getrieben, wo es sich von Eicheln und Bucheckern ernährte und besonders „kerniges" Fleisch lieferte. Die Nachfrage stieg und die Gegend um Versmold entwickelte sich von

der „Wursteküche Westfalens" zum „Fettfleck Deutschlands",
dessen Fleisch- und Wurstwaren
bundes- und europaweite
Bekanntheit genießen.

Zebroid

Wie bitte? Ja, genau solch ein vierbeiniges Wunder der
Natur kann man auch in OWL bewundern, und zwar im
Safariland Stukenbrock. Wenn sich Esel und Pferde art-
übergreifend paaren, nennt man das Ergebnis Maultier
oder Maulesel, kreuzen sich Zebra und Pferd (Horse), dann
spricht man von einem Zorse oder einem Hybrid namens
Zebroid.

Futsal

Immerhin, die weithin unbekannte Mannschaftssportart Futsal wird von der FIFA anerkannt und darf 2021 erstmals mit
zehn Mannschaften eine Bundesliga bilden. International
wird das flotte Spiel von Brasilien und Spanien dominiert.
Und natürlich ist OWL bei dieser Variante des Hallenfuß-
balls mit einigen Mannschaften in der Futsalliga West dabei.
Ganz oben der MCH Futsal Club Bielefeld Sennestadt e.V.,
der amtierende Ligameister, westfälischer Pokalsieger und
Halbfinalist bei der Deutschen Futsal-Meisterschaft 2016.
Zu nennen sind außerdem: Black Panthers Bielefeld,
Cherusker Detmold und FSP Turbo Minden.

Lotossitz

Damit kann man neben vielen, vielen anderen Übungen bei einem Verein für die Yoga-Strömung „Yoga Vidya" in Bad Meinberg entspannen. Das Spannende dabei: Das Yoga-Vidya-Haus ist gleich mehrfach rekordverdächtig, als größtes Meditationszentrum Europas, als größte Yogalehrerausbildungsstätte Europas und als größter Ashram außerhalb von Indien.

STEBALI

Mit Commandant Fehlfarben, Hansastolz und Santa Polo wurde die Barntruper Zigarrenfabrik Steneberg in ganz OWL und weit darüber hinaus bekannt. Unter dem Kürzel STEBALI (Steneberg-Barntrup-Lippe) sorgten die ersten industriell hergestellten Stumpen bis 1961 für ein qualmiges Vergnügen.

Urgesteine

Sie zum Pendant des britischen Stonehenge zu erheben, mag ein wenig dick aufgetragen sein. Dennoch sind die drei Johannissteine von Lage mit ihren diversen eingemeißelten Löchern, Symbolen und Zeichen weitaus mehr als nur uralt und „mystisch". Die Anordnung der künstlichen Vertiefungen lassen den Schluss zu, dass es sich bei den drei OWL-Urgesteinen tatsächlich um eine vor- bzw. frühgeschichtliche Kalenderanlage handelt.

Neubürger

Es ist in der Tat so, dass in OWL rund 500.000 Menschen mit Migrationshintergrund leben, womit heute jeder vierte OWLer von einer Zuwanderungsgeschichte berichten kann.

Mumien

Neben einer ägyptischen Mumie im Sarkophag verwahrt das Lippische Landesmuseum in Detmold auch vier peruanische Mumien. Darunter auch eine Baby-Mumie, die in der Fachwelt als „Detmold Child" für Furore sorgte, als sich kürzlich herausstellte, dass sie rund 6.500 Jahre alt ist, was sie zu einer der weltweit ältesten erhaltenen Mumien macht.

Geierwally

Die Literaturverfilmung „Die Geierwally" von 1956 mit Barbara Rütting in der Hauptrolle wurde als „zeitloses, ergreifendes Drama" beworben. Dramatisch waren vor allem die Flugaufnahmen von den gewaltigen Raubvögeln der Adlerwarte Berlebeck bei Detmold, die, spannend in Szene gesetzt, zu den heimlichen Stars des Films wurden.

Städte-Beinamen

Wenn Paris mit seinem Beinamen „Stadt der Liebe" wirbt, Prag sich als „Goldene Stadt" belobhudelt oder New York ganz selbstverständlich als „Big Apple" bezeichnet wird, dann dürfen sich doch auch einige OWL-Städte – manchmal offiziell, manchmal inoffiziell – mit einem Beinamen schmücken. So wie Bielefeld, die Metropole OWLs, die auch als „Leineweberstadt" weithin Bekanntheit genießt. Doch welche Stadt verbirgt sich hinter den folgenden Beinamen?

1. Dichterstadt

2. Sennegemeinde

3. Sälzerstadt

4. Kneipp Heilbad

5. Malerstadt

6. Stadt der Osterräder

7. Reformationsstadt Europas

8. Zuckerstadt

9. Allergikerfreundliche Kommune

10. Rothenburg Westfalens

11. Orgelstadt

12. Hansestadt

13. Wurstküche Westfalens

14. Böckstiegelstadt

15. Zigarrenstadt

16. Mähdrescherstadt

17. Nelkenstadt

18. Widukindstadt

19. Weltstadt der Küchen

20. Lindenstadt

21. Stadt der schönen Giebel

Nieheim

Lage (Lippe)

Bünde

Hövelhof

Bad Salzuflen

Harsewinkel

Salzkotten

Warburg

Blomberg

Bad Wünnenberg

Borgentreich

Enger

Schwalenberg

Herford

Löhne

Lügde

Versmold

Halle (Westf.)

Lemgo

Werther

Rietberg

Nieheim (1), Hövelhof (2), Salzkotten (3), Bad Wünnenberg (4),
Schwalenberg (5), Lügde (6), Lemgo (7), Lage (Lippe) (8),
Bad Salzuflen (9), Warburg (10), Borgentreich (11), Herford (12),
Versmold (13), Werther (14), Bünde (15), Harsewinkel (16),
Blomberg (17), Enger (18), Löhne (19), Halle (Westf.) (20),
Rietberg (21)

Bildnachweis

Einband vorn: Pixabay/verstanderen; Innenklappe vorn: Shutterstock/
Joppi; S. 5: Von Daniel Brockpähler - Eigenes Werk, CC BY-SA 3.0, https://
commons.wikimedia.org/w/index.php?curid=4190667; S. 6: Shutter-
stock/Ana Aguirre Perez; S. 7 oben: Shutterstock/igra.design; S. 7 unten:
Shutterstock/Javier Crespo; S. 8: Shutterstock/Colorshadow; S. 9 oben:
Von Fornax - Eigenes Werk, CC BY-SA 3.0, https://commons.wikimedia.
org/w/index.php?curid=4168813; S. 9 unten: Shutterstock/jg2000; S. 10:
Angelika Wüllner; S. 11: Shutterstock/Duet PandG; S. 12: Shutterstock/
PureRadiancePhoto; S. 13: Shutterstock/aelitta; S. 14: Shutterstock/Casteco-
Design; S. 15: Pixabay/ThiloBecker; S. 17: Shutterstock/Legend_art; S. 18:
Matthias Weskamp; S. 19: Shutterstock/Nina Alizada; S. 20: Pixabay/falco;
S. 21: Shutterstock/Fabian Junge; S. 22: Von Hugo Horn, Leipzig, Buch-
künstler - Original (Buch): Friedrich Wilhelm Weber: Dreizehnlinden. Verlag
Ferdinand Schöningh, Paderborn, 1878.Scan: www.friedrich-wilhelm-
weber-gesellschaft.de, Gemeinfrei, https://commons.wikimedia.org/w/index.
php?curid=5627124; S. 23: By Ingo2802, CC BY-SA 3.0, https://commons.
wikimedia.org/w/index.php?curid=5565421; S. 24/25: Shutterstock/Art_Pic-
tures; S. 27: Shutterstock/Memo Angeles; S. 28: Matthias Rickling; S. 29
oben: Shutterstock/mitifoto; S. 29 unten: Shutterstock/yavuzunlu; S. 30:
Shutterstock/cammep; S. 31: Shutterstock/Pixel-Shot; S. 35: Shutterstock/
Zlatko Guzmic; S. 36: Shutterstock/Soloviova Liudmyla; S. 38: Pixabay/
Monfocus; S. 40: Shutterstock/Nataly Studio; S. 41: Pixabay/Hans; S. 43:
Pixabay/Milchdrink; S. 44: Pixabay/webandi; S. 46: Pixabay/AlLes; S. 48:
Pixabay/alexanderjungmann; S. 49: Pixabay/A_Different_Perspective; S. 51:
Pixabay/Peggy_Marco; S. 52: Shutterstock/Dotted Yeti; S. 53: Pixabay/
moritz320; S. 54: Pixabay/pixel2013; S. 56: Matthias Rickling; S. 57: Shutter-
stock/Flas100; S. 58: Shutterstock/Bohbeh; S. 59: Shutterstock/charnsitr;
S. 60: Shutterstock/Mega Pixel; S. 61: Shutterstock/Milkovasa; S. 62: Pixa-
bay/pictureback; S. 65: Pixabay; S. 66/67: Shutterstock/Fer Gregory; S. 68:

Impressum

Sutton Verlag GmbH
Arnstädter Straße 8
99096 Erfurt
www.suttonverlag.de
Copyright © Sutton Verlag, 2022
ISBN: 978-3-96303-190-8
Druck: Florjančič Tisk d.o.o. / Slowenien
Gestaltung und Herstellung: Sutton Verlag
Lektorat: Gertrud Menczel

In diesem Buch wird aus Gründen der besseren Lesbarkeit das generische Maskulinum verwendet. Weibliche und anderweitige Geschlechteridentitäten werden dabei ausdrücklich mitgemeint, soweit es für die Aussage erforderlich ist.